ITALIANO • *TEDESCO* - ITALIENISCH • DEUTSCH

LIBRO BILINGUE - ZWEISPRACHIGES BUCH

FSC
www.fsc.org
MIX
Papier aus verantwortungsvollen Quellen
Paper from responsible sources
FSC® C105338

Emilio Esbardo

La Filosofia di Julia
Julias Philosophie

Pensieri&Confronti Verlag
Trelleborger Straße 17
13189 Berlin

www.pensierieconfronti.com
www.emilioesbardo.com
www.ilnuovoberlinese.com

ISBN: 978-3-948473-64-8

prima edizione: 2001 (Morlacchi Editore, Italia)
seconda edizione: 2002 (Morlacchi Editore, Italia)
terza edizione: 2004 (Morlacchi Editore, Italia)
quarta edizione: 2014 (Lulu Editore, Stati Uniti)
quinta edizione: 2016 (CreateSpace Editore, Stati Uniti)
sesta edizione: 2021 (Pensieri&Confronti Editore, Germania)

Immagine di copertina: Julia Dombrowsky. Foto: Emilio Esbardo. L'autore del libro ringrazia la giornalista Julia Dombrowsky per aver posato come modella. *Ogni riferimento a fatti, cose e persone realmente esistenti è da ritenersi puramente casuale.*

Erste Auflage: 2001 (Morlacchi Verlag, Italien)
Zweite Auflage: 2002 (Morlacchi Verlag, Italien)
Dritte Auflage: 2004 (Morlacchi Verlag, Italien)
Vierte Auflage: 2014 (Lulu Verlag, USA)
Fünfte Auflage: 2016 (CreateSpace Verlag, USA)
Sechste Auflage: 2021 (Pensieri&Confronti Verlag, Deutschland)

Auf dem Coverfoto: Julia Dombrowsky. Bild von Emilio Esbardo. Der Autor des Buches bedankt sich bei der Journalistin Julia Dombrowsky, dass sie als Model für das Cover des Buches posiert hat. *Jede Ähnlichkeit mit Tatsachen, lebenden oder toten Personen ist rein zufällig.*

Traduzione - Übersetzung:
Sebastian Kubon & Emilio Esbardo

Nella traduzione tedesca si è tentato di mantenere specialmente l'impronta dell'italiano parlato, in cui spesso non si favorisce la grammatica. Spero che, il lettore, leggendola, possa udire il modo di esprimersi degli italiani. Dietro ogni linguaggio, esiste una cultura singolare; una voce che comunica il ritmo di una specifica vita. Per Emilio Esbardo e per il suo linguaggio è la cultura dell'Italia meridionale. L'autore ringrazia Sebastian Kubon per aver dedicato un'intera settimana alla traduzione del suo libro, durante il suo soggiorno Erasmus a Perugia. L'autore esprime, altresì, gratitudine a Paola Passeri per aver realizzato i disegni presenti nel libro.

In der deutschen Übersetzung wurde versucht, besonders den Ausdruck der gesprochenen italienischen Sprache beizubehalten, bei der nicht immer alles den Regeln der Grammatik entspricht. Ich hoffe, dass der Leser beim Lesen die italienische Art zu sprechen hören kann. Hinter jeder Sprache befindet sich eine einzigartige Kultur, eine Stimme, die den Rhythmus einer Lebensart überträgt. Für Emilio Esbardo und seine Sprache ist es die Kultur Süditaliens. Der Autor dankt Sebastian Kubon, der während seines Erasmus-Aufenthalts in Perugia eine ganze Woche der Übersetzung des Buchs gewidmet hat. Der Autor drückt auch Paola Passeri seine Dankbarkeit aus für die in diesem Buch verwendeten Zeichnungen.

Sommario - Inhalt

La Filosofia di Julia - Julias Philosophie 8 - 9

Introduzione - Vorwort 10 - 11

Conclusione - Nachwort 192 - 193

Note di chiusura - Endnoten 194 - 195

La Filosofia di Julia

Julias Philosophie

Introduzione

All'inizio quando realizzai ciò che era successo realmente ero mille miglia dall'immaginare che ne avrei scritto un libro.
Questa è la storia di un ragazzo che mettendo da parte la voce del suo corpo, imprigionando i suoi sensi, per un fato avverso subì le angherie dell'amore.
Conobbe per caso una ragazza tedesca e non pensò immediatamente di portarla a letto, ma la sua bellezza e qualità, che sgusciarono fuori tra vivaci e interessanti conversazioni, lo resero vulnerabile alle frecce di Cupido. E da una sua azione, buona o cattiva, non so, non tocca a me giudicare, dettata dall'amore e non dai più bassi istinti sessuali, nacque la sua infelicità. Ha subito passivamente una dura battaglia tra il suo cuore ed i suoi sensi.
Ne è uscito vincitore il buon senso.
Questo è il racconto fedele di una storia, che io lascerò narrare dal suo protagonista, Marco, attraverso il suo diario.
Questo è il racconto fedele di una storia, palazzo popolato da personaggi diversi, che si mostrano nella loro veridicità.
Al lettore non verrà nascosto nulla, nessun attimo di suspance, ciò che interessa è la storia stessa nel suo fluire e non ciò che avviene, che probabilmente non è niente di così grave, ma come avviene.

Vorwort

Anfangs, als ich begriff, was wirklich geschehen war, dachte ich noch nicht im Entferntesten daran, einmal ein Buch darüber zu schreiben.
Dies ist die Geschichte eines Jungen, der die Stimme seines Körpers ausblendete, seine Sinne gefangen hielt und durch ein widriges Schicksal zum ersten Mal die Qualen der Liebe erlitt.
Durch Zufall hatte er ein deutsches Mädchen kennen gelernt. Nicht sofort hatte er daran gedacht, mit ihr ins Bett zu gehen, aber ihre Schönheit und ihr Wesen, die sich ihm durch ihre interessanten, lebhaften Gespräche enthüllten, machten ihn verletzlich für Cupidos Pfeile. Und durch seine Tat – sei sie gut oder schlecht, ich weiß es nicht und es liegt nicht an mir, darüber zu urteilen –, die ihm die Liebe und nicht niedere sexuelle Triebe aufzwang, entstand sein Unglück. Er ließ einen harten Kampf gegen sein Herz und seine Empfindungen geschehen.
Die Vernunft ist hieraus als Siegerin hervorgegangen.
Dies ist der wahrheitsgetreue Bericht einer Geschichte, die ich Marco, ihren Protagonisten, durch sein Tagebuch erzählen lassen werde.
Dies ist der wahrheitsgetreue Bericht einer Geschichte, gefüllt mit dem Leben ganz unterschiedlicher Persönlichkeiten, die sich in ihrer Wirklichkeit zeigen.
Dem Leser wird nichts verheimlicht. Kein Moment der Spannung; was interessiert ist die Geschichte selbst in ihrem Lauf und nicht das, was geschieht - was höchstwahrscheinlich nicht so bedeutend ist -, sondern wie es geschieht.

Ho deciso di lasciar stampare questo libro, per mostrare come dietro l'apparente maschera che portiamo quotidianamente, si celano in ognuno di noi sogni e desideri che non abbiamo il coraggio di mostrare.
Ho deciso di lasciar stampare questo libro per abbattere quel muro di ipocrisia dietro al quale ci sono anch'io.
Ed è per questo e colgo l'occasione per avvertire i più sensibili che il linguaggio, anche se in alcuni tratti molto poetico, è molto crudo:
non è il riflesso letterario della realtà.
E' un linguaggio contraddittorio, come il nostro animo: alcune volte nobile ma altre volte basso.
Do in pasto questo libro a tutti coloro i quali sono affamati di verità, la quale può essere, anzi il più delle volte è, truce e crudele.

Ich habe mich entschieden, das Buch drucken zu lassen, um zu zeigen, wie sich hinter der Maske, die wir täglich tragen, in jedem von uns Träume und Wünsche verbergen, die wir zu zeigen nicht den Mut haben.
Ich habe mich entschieden, dieses Buch drucken zu lassen, um die Mauer aus Heuchelei niederzureißen, hinter der auch ich mich befinde.
Und deswegen nehme ich die Gelegenheit wahr, um die Empfindlicheren zu warnen, dass die Sprache – trotz ihrer Poesie an einigen Stellen – sehr roh ist:
Sie ist keine literarische Spiegelung der Realität.
Sie ist eine widersprüchliche Sprache, widersprüchlich wie unsere Seele: manchmal edel, manchmal der niedersten Art.
Ich gebe dieses Buch all denen als Nahrung, die hungrig nach Wahrheit sind, welche finster und grausam sein kann und es in den meisten Fällen sogar ist.

Può darsi che io non sappia cosa dico
scegliendo te, una donna per amico
ma il mio mestiere e' vivere la vita
che sia di tutti i giorni oh sconosciuta
ti amo forte – debole compagna
che qualche volta impara
a volte insegna…

„Una donna per amico"
BATTISTI

Es mag sein, dass ich nicht weiß, was ich sage,
Dich, eine Frau, zu meinem Freund erwählend,
doch mein Beruf ist es, das Leben zu leben,
ein Leben, das alle Tage von neuem das Unbekannte sei
Ich liebe Dich, stark–schwache Gefährtin
die manches Mal lernt,
andre Male lehrt...[1]

"Una donna per amico"
BATTISTI

Lontano

Lontano da ogni legame di sentimento

Lontano da amici e parenti, che prima o poi scompariranno, poiché la "signora morte" li condurrà nel suo regno di pace e tenebre

Lontano da ogni piacere, che al suo apice suscita dolore

Lontano da ogni dolore

Lontano, in una notte d'inverno, nella mia camera, sul mio letto, mentre leggo un libro e ogni capacità dell'intelletto lontana e distaccata dalle passioni, per conoscermi meglio

Lontano… Ma il diavolo, una bella ragazza con i capelli biondi e gli occhi azzurri, mi tiene lontano…

Fern

Fern von den Bindungen des Gefühls

Fern von Zuneigung der Freunde und der Verwandten, die früher oder dann verschwinden werden, weil „Frau Tod“[2] sie in ihr Königreich von Ruhe und Finsternis überführen wird

Fern von jedem Genuss, der an seinem Gipfel Schmerz hervorruft

Fern von jedem Schmerz

Fern in einer Winter-Nacht, in meinem Zimmer, auf meinem Bett, während ich ein Buch lese, und alle Fähigkeiten des Verstands fern und bedingungslos von den Leidenschaften, um mich zu kennen

Fern… aber der Teufel, ein schönes Mädchen mit blondem Haar und blauen Augen, hält mich fern…

10 ottobre 199/

Ero appena tornato semplicemente ad essere una persona allegra, dopo il mio non felice soggiorno di un anno in Germania, quando conobbi Julia.
Del mio passato tedesco non dirò niente, eccetto che distrusse il mio buon umore, in parte perché non sono mai riuscito ad integrarmi al modo di vivere di Passau, la città in cui stetti, e in parte per il cattivo tempo a cui non sono abituato. Quel piovere ininterrottamente non fece altro infatti che rendermi più triste e malinconico.
Ciò che vorrei mettere per iscritto sono invece le conseguenze del mio incontro con Julia, il cui risultato furono tre settimane stupende e indimenticabili, di cui tuttora sento la nostalgia, e cinque mesi divisi tra bei ricordi e una serie di liti che ha portato ad una rottura totale della nostra amicizia.
Non ho mai vissuto la mia vita per poterne scrivere poi un diario, ma tutto ciò che ho conosciuto dal mio ritorno dalla Germania è la storia di un romanzo, tanto irreale, assurdo e come un brutto sogno mi sembra ciò che è accaduto.

Ed è qui, nello scantinato della notte, in questa città medievale del centro Italia, sotto il soffitto del cielo stellato e, l'ebbrezza estiva che lascia sulla pelle l'odore di infinito e romanticismo, che la mia penna urla questa storia che mi è realmente accaduta.

Le sue mosse
I suoi atteggiamenti
I suoi movimenti

10. Oktober

Ich hatte gerade erst meine Fröhlichkeit wiedergewonnen nach einem nicht sehr glücklichen, einjährigen Aufenthalt in Deutschland, als ich Julia kennen lernte.
Von meiner Vergangenheit in Deutschland werde ich nichts erzählen, außer, dass sie meine gute Laune zerstörte; teils weil es mir nie gelungen ist, mich anzupassen an die Art zu leben in Passau, und teils wegen des schlechten Wetters, an das ich nicht gewöhnt bin. Dieses ununterbrochene Regnen machte nichts anderes als mich noch trauriger und melancholischer.
Was ich hingegen zu Papier bringen möchte, sind die Konsequenzen meiner Begegnung mit Julia, deren Ergebnis drei wunderbare und unvergessliche Wochen sind, nach denen ich immer noch Sehnsucht verspüre und fünf Monate, aufgeteilt in schöne Erinnerungen und eine Reihe von Auseinandersetzungen, die zu einem vollständigen Bruch unserer Freundschaft führten.
Ich habe mein Leben nie gelebt, um danach ein Tagebuch davon schreiben zu können, aber alles, was ich nach meiner Rückkehr aus Deutschland erlebt habe, ist die Geschichte eines Romans, so irreal, so absurd und wie ein schlechter Traum erscheint mir, was geschehen ist.

Und hier, im Keller der Nacht, in dieser mittelalterlichen Stadt im Zentrum Italiens, unter den Sternen des Himmelszelts, der sommerliche Rausch, der auf der Haut den Geruch der Unendlichkeit und der Romantik hinterlässt, *schreit* mein Stift diese Geschichte, die mir wirklich geschehen ist.

Ihre Züge
Ihre Handlungen
Ihre Bewegungen

Il suo dolce sorriso
è un dono infinito
un istante mai dimenticato

Giorni passati
giorni trascorsi
ma mai scordati

Abbiamo lasciato
i nostri ricordi
chiusi in un cassetto

Cerco di aprirlo
e vedo il mio amore
fare sfoggio del suo fascino

Il mio ritorno a Perugia equivalse ad un ritorno alle mie abitudini: fare una passeggiata in Corso Vannucci, andare allo Zoologico, un disco-pub per conoscere le ragazze straniere.
Forse sembrerà strano, ma posso assicurare che non esiste niente di più bello che conoscere persone di culture diverse, che riempiono il tuo cuore di curiosità e voglia di avventura.
Forse ci si chiederà perché ragazze, e a questo posso solamente rispondere che non mi piace poi così tanto la mentalità maschile.
In tutta la mia vita ho avuto pochissimi amici uomini e ad essere sinceri, erano i cosiddetti "amici veri". E forse non ci si chiederà perché, ma lo si comprenderà, alla ricerca di tutte le conoscenze anelo sempre ad una indimenticabile storia d'amore:
chi in tutto il creato e non solo tra gli esseri umani non sente il bisogno di amare e di essere amato?

Ihr süßes Lachen
Ist eine unendliche Gabe
Ein unvergesslicher Augenblick

Vergangene Tage
Beendete Tage
Aber nie vergessen

Wir haben unsere Erinnerungen
In einer Schublade
Gelassen

Ich versuche, sie aufzumachen
Und ich sehe meine Liebste
Sie prunkt mit ihrem Zauber.

Meine Heimkehr nach Perugia war wie eine Heimkehr zu meinen Gewohnheiten: den *Corso Vannucci* entlang zu spazieren und ins *Zoologico* zu gehen, eine Mischung aus Diskothek und Pub, um ausländische Mädchen kennen zu lernen.
Es mag seltsam scheinen, aber ich kann versichern, dass es nichts Schöneres gibt, als mit Menschen anderer Kulturen Bekanntschaft zu machen, denn sie füllen dein Herz mit Neugier und Abenteuerlust. Man wird nun vielleicht fragen, warum Mädchen? Ich kann hierauf nur antworten, dass mir die männliche Mentalität nicht so sehr gefällt.
In meinem ganzen Leben habe ich nur wenige männliche Freunde gehabt, aber um ehrlich zu sein, waren diese die so genannten „wahren Freunde“. Und vielleicht wird man nun nicht fragen, sondern es einfach verstehen. Auf der Suche nach aller Erkenntnis wünsche ich mir ständig sehnlichst eine unvergessliche Liebesgeschichte:
Wer unter den Wesen der Schöpfung, und nicht nur unter den Menschen, fühlt nicht das Verlangen, zu lieben oder geliebt zu werden?

E stavo proprio passeggiando per Corso Vannucci quando, in una giornata nuvolosa, dopo essere stato in libreria, giunto alla fontana di fronte al Duomo vengo fermato da tre ragazze tedesche, che mi chiedono:
"Ma tu sei stato a Passau? Hai frequentato un istituto di lingua per stranieri?".
Rimasi un po' sorpreso, non conoscendo purtroppo che tipo di sorpresa sgradevole mi sarebbe capitata da lì a poco, e risposi: "sì".
"sì", parola stupida che bisognerebbe dimenticare, se davvero si vuole vivere senza soffrire.
Di quante situazioni spiacevoli è causa questo "sì"?
Soprattutto nei tuoi rapporti con le donne.
Stavo dicendo? Ah sì... dopo la mia risposta positiva mi pregarono di mostrar loro la facoltà di Lettere e Filosofia, che si trova in Piazza Morlacchi e poi le accompagnai alla ricerca di una camera da affittare e quindi ci trovammo tra gli affascinanti vicoli di questa città.
Perugia è situata nella regione Umbria, una regione affascinante, con i suoi borghi medievali, i suoi numerosi dialetti e le specialità culinarie, ma è anche una regione santa e Assisi ne è la città più famosa.
Io abito in Corso Garibaldi, vicino all'Università per Stranieri, dove all'una sempre gli stessi ragazzi, alla moda e manierati, con sigaretta in bocca e volantini in mano, fanno sfoggio degli occhiali da sole, con i quali celano gli occhi quasi totalmente chiusi, dopo una nottata insonne in discoteca.
Università per Stranieri: è incredibile come alcuni luoghi, cose, persone, canzoni possano diventare il centro del tuo universo, della tua essenza, te stesso.

Ich ging auf dem *Corso Vannucci* spazieren an einem bewölkten Tag, als ich, nachdem ich in einer Buchhandlung gewesen war, den Brunnen vor dem Dom erreichte und von drei deutschen Mädchen aufgehalten wurde, die mich fragten:
„Bist du schon einmal in Passau gewesen? Hast du dort eine Sprachschule für Ausländer besucht?"
Ich war ein wenig überrascht und wusste leider nicht, was für eine Art von böser Überraschung mir noch bevorstehen sollte und antwortete „Ja".
„Ja", ein dummes Wort, welches man vergessen sollte, wenn man wirklich leben will, ohne zu leiden.
Für wie viele unangenehme Situationen ist dieses „Ja" die Ursache?
Vor allem in deinen Beziehungen zu Frauen.
Wo war ich stehen geblieben? Ach ja… nach meiner bejahenden Antwort auf ihre Frage baten sie mich, ihnen die Philosophische Fakultät zu zeigen, die sich bei der *Piazza Morlacchi* befindet, und dann begleitete ich sie auf Zimmersuche, und so kam es, dass wir uns in den bezaubernden Gassen dieser Stadt wieder fanden.
Perugia liegt in der Region Umbrien, einer faszinierenden Region mit ihren mittelalterlichen *borghi*[3], ihren zahlreichen Dialekten und den kulinarischen Spezialitäten, aber sie ist auch eine heilige Region, deren berühmteste Stadt Assisi ist.
Ich wohne im *Corso Garibaldi* in der Nähe der Universität für Ausländer, wo um ein Uhr mittags immer dieselben Typen, modisch gekleidet und geschniegelt, mit einer Zigarette im Mund und Flyern in der Hand, ihre Sonnenbrillen zur Schau tragen, mit denen sie ihre fast vollständig geschlossenen Augen verstecken nach einer schlaflosen Nacht in der Disco.
Die Ausländeruniversität: Es ist unglaublich wie einige Orte, Dinge, Personen oder Lieder zum Zentrum deines Universums, deiner Existenz, von dir selbst werden können.

Università per Stranieri, Mensa, Elce, Caffè Morlacchi furono il mio mondo che è evaporato in nostalgia e viene tuttora molto spesso rievocato dai miei sospiri.
Di queste tre ragazze una mi colpì in particolar modo, ancora oggi non so perché, in realtà non mi è mai piaciuta sia in alcuni particolari del suo viso, sia in moltissimi aspetti del suo carattere, ma c'è sempre stata una attrazione, una sconosciuta reazione chimica.
Stando sempre a contatto con lei ho imparato ad amare questi "alcuni particolari del suo viso": due occhi azzurri bellissimi per la loro profondità e che hanno il potere di colpirti e di attrarre la tua attenzione mentre lei passeggia tra tante altre persone, ma nel cui taglio c'è qualcosa di strano, qualche volta mi davano l'impressione di osservare due occhi bellissimi di un cammello. Un naso ben fatto ma le cui due porte di entrata ed uscita dell'aria sono un pochino più ampie del dovuto e tante macchioline marroni al di sopra del suo labbro superiore, che la fanno in certi momenti sembrare una donna coi baffi. Ma ciò che più mi attrasse, nella sua imperfezione furono le sue guance un po' grasse, che le danno l'aspetto di una bambina che mangia caramelle. I primi giorni non furono così particolari, uscivamo in gruppo, noi quattro insieme e loro divoravano sempre pizza. A mezzogiorno ci incontravamo per andare a mensa e qui notai come erano al completo oscuro sulla cultura italiana: pretendevano di mangiare gli spaghetti col pomodoro e il formaggio contemporaneamente col pane. E, cosa molto sorprendente, affermavano che il cibo era buonissimo. Tutte le altre persone in mensa non sarebbero infatti state così d'accordo.

Die Ausländeruniversität, die Mensa, das Stadtviertel *Elce*, das *Caffè Morlacchi* waren meine Welt, die in Nostalgie verdunstet ist und immer noch sehr oft durch meine Seufzer wachgerufen wird.
Von diesen drei Mädchen hatte es mir eine besonders angetan. Ich weiß heute noch nicht warum. In Wirklichkeit hat sie mir nie gefallen, sei es wegen einiger Besonderheiten ihres Gesichts, sei es wegen vieler Charaktereigenschaften, doch war da immer eine Anziehungskraft, eine unbekannte chemische Reaktion.
Da ich ständig in ihrer Nähe war, lernte ich diese „Besonderheiten ihres Gesichts" zu lieben: zwei, wegen ihrer Tiefe, wunderschöne blaue Augen, die die Macht haben, dich zu ergreifen und deine Aufmerksamkeit zu fesseln, während sie zwischen vielen anderen entlang spazierte. Dennoch gab es in ihrer Form etwas Seltsames. Manchmal gaben sie mir das Gefühl, in die wunderschönen Augen eines Kamels zu blicken. Die Nase ist hübsch geformt, aber die beiden Nasenlöcher sind einen Tick zu weit. Über ihrer Oberlippe sammelten sich viele kleine hellbraune Pünktchen, durch die sie in gewissen Momenten wie eine Frau mit Schnurrbart aussieht. Was mich in all ihrer Unvollkommenheit aber am meisten anzog, waren ihre Pausbacken, die ihr das Aussehen eines bonbonlutschenden Kindes gaben. Die ersten Tage waren nicht sonderlich aufregend. Wir gingen als Gruppe aus, wir vier zusammen, und sie verschlangen eine Pizza nach der anderen. Zu Mittag trafen wir uns gewöhnlich, um gemeinsam in die Mensa zu gehen, und dort bemerkte ich wie völlig unbekannt ihnen die italienische Kultur war: Sie aßen die *Spaghetti col pomodoro e il formaggio* gleichzeitig mit dem Brot. Und, sehr überraschend, behaupteten sie, dass das Essen sehr gut gewesen sei. Die anderen Besucher der Mensa wären mit dieser Aussage nämlich nicht einverstanden gewesen.

Una sera di queste uscimmo come al solito per andare allo Zoologico dapprima e al Celebrate dopo; ed è all'uscita dal Celebrate (andammo via, poiché Julia aveva le sue cose e non stava bene; sebbene ci fossimo proposti di rimanere fino alle cinque del mattino, per poi bere un cappuccino accompagnato da una pasta calda, cosa alquanto tipica tra gli studenti di Perugia) che incontrammo quell'allora mio creduto amico, Carmelo, che fu la causa di tutte le mie avventure spiacevoli. L'incontro fu abbastanza gradevole, cominciammo a chiacchierare e ridere e Carmelo ci accompagnò a casa con la sua macchina e giunti all'appartamento delle ragazze in un qualche punto della zona di Elce, parcheggiò, come al suo solito irrispettoso di tutto e di tutti, in un garage privato, la cui porta era aperta, convinto che avrebbe subito dato prova della sua simpatia.

An einem dieser Abende gingen wir wie gewohnt aus, erst ins Zoologico und danach ins *Celebrate*. Und am Ausgang des Celebrate – wir gingen, da Julia ihre Tage hatte und sie sich nicht gut fühlte, obwohl wir uns vorgenommen hatten, bis um fünf Uhr morgens zu bleiben, um danach einen Cappuccino zu trinken mit einem Stück heißem Gebäck dazu, was ziemlich üblich für die Studenten Perugias war – trafen wir Carmelo, den ich damals für meinen Freund hielt und der die Ursache für alle meine unangenehmen Abenteuer werden sollte.
Das Treffen war sehr nett. Wir begannen, uns zu unterhalten und zu lachen und Carmelo fuhr uns mit seinem Auto nach Hause. Nachdem wir am Appartement der Mädchen irgendwo in Elce angekommen waren, parkte er, wie üblich respektlos gegenüber Allem und Jedem, in einer Privatgarage, deren Tor offen war, überzeugt davon, damit sofort seine Sympathie unter Beweis gestellt zu haben.

Carmelo proviene da Barcellona, cittadina sita in Sicilia e non avendo mai lottato per ottenere qualcosa, essendo i suoi genitori benestanti, crede di poter calpestare ognuno e che tutto gli appartenga. (Forse questa azione del parcheggiare vista dal lato scherzoso è realmente divertente, ma essendo io in questo momento non così predisposto verso questo ex amico, essa mi appare negativa).

E ovattati nella magica e innocente atmosfera dei primi incontri, rischiarati da una luna fecondatrice di sogni, dopo esserci dati i baci sulle guance (ne diedi tantissimi e in crescendo a Julia), ritornammo ognuno nei rispettivi letti.

Carmelo stammt aus Barcellona, einem Dorf auf Sizilien, und er hat nie für eine Sache kämpfen müssen, da seine Eltern wohlhabend sind. Er glaubt, jeden mit Füßen treten zu können und dass ihm alles gehört. (Vielleicht ist die Einparkaktion von der lustigen Seite aus gesehen wirklich witzig, aber da ich in diesem Moment meinem ehemaligen Freund nicht sehr wohlgesonnen bin, erscheint sie mir ungehörig.)
Eingelullt durch die magische und unschuldige Atmosphäre der ersten Begegnungen, erhellt von einem traumauslösenden Mond, und nachdem wir uns Wangenküsse gegeben haben (davon gab ich Julia sehr viele in steigender Geschwindigkeit), gingen wir jeder in sein eigenes Bett.

14 ottobre

Mi trovavo alla Pizzeria Etruschetto con le tre divoratrici di pizza e il silenzio regnava tra di noi. Era uno di quei momenti così imbarazzanti, in cui vorresti dire tutto ma non dici niente. Per iniziare la conversazione chiedo alle mie interlocutrici di raccontare una barzelletta. Loro all'inizio rifiutano, ma poi mi mettono al corrente che in Germania esistono molte "Blondinen-Witze"[1], e Julia comincia così: "Sai perché quando una biondina muore viene messa in una bara triangolare?"
Ed io: "No , perché?"
Julia: "Perché quando va via la luce, aprono le gambe".
Nell'udire ciò sono scoppiato in una risata che è durata cinque-sei minuti e nel momento in cui riuscii di nuovo a parlare, telefonai col cellulare a Carmelo, per raccontargli la barzelletta e la sua risposta fu una domanda:
"Ma le tette dove stanno?".

14. Oktober

Ich befand mich in der *Pizzeria Etruschetto* gemeinsam mit den drei Pizzaverschlingerinnen, und Stille herrschte zwischen uns. Es war einer von diesen peinlichen Momenten, in denen du alles sagen willst und doch nichts sagst. Um eine Unterhaltung in Gang zu bringen, bat ich meine Gesprächspartnerinnen einen Witz zu erzählen. Zunächst weigerten sie sich, doch dann klärten sie mich über die „Blondinenwitze" auf, die gerade in Deutschland aktuell waren und Julia begann so:
„Weißt Du, warum eine Blondine, wenn sie stirbt, in einem dreieckigen Sarg begraben wird?"
Und ich: „Nein, warum?"
Julia: „Weil sie, sobald das Licht ausgeht, automatisch die Beine öffnet."
Als ich das hörte, bin ich in fünf- bis sechsminütiges Gelächter ausgebrochen und als ich wieder sprechen konnte, rief ich Carmelo mit dem Handy an, um ihm den Witz zu erzählen. Seine Antwort war eine Frage:
„Aber wo sind die Titten?"

17 ottobre

Eravamo diventati amici e spesso Carmelo portava le ragazze in piscina o al lago Trasimeno.
Io rifiutavo di andarci, perché volevo studiare.
Una sera due delle ragazze, Julia e Johanna, ed io ci ritrovammo nel monolocale di Carmelo, che non perdeva occasione di dare "dimostrazioni affettuose" a Julia.
Non ero in gran forma e non avevo tanta voglia di parlare e il siciliano trascorse venti minuti in silenzio, che interruppe dicendomi:
"Traditore, non mi aiuti per niente"
Cominciammo a chiacchierare e Julia era distesa sul letto a due piazze, dove veniva accarezzata in quasi tutte le parti del corpo da Carmelo, il quale aveva messo musica latino-americana.

Io ballavo con Johanna, della quale ancora non ho detto nulla. Lei è una ragazza bassa, dalla stazza muscolosa e il suo modo tipico di danzare era di lanciarmi contro il letto.
Per il resto della serata mi isolai e casualmente Julia venne a coricarsi vicino a me, seguita come da "un segugio" dall'arrapato siciliano, che continuava ad accarezzarla quasi dappertutto. Io nel frattempo iniziai un dialogo pazzo con Julia, che mi considerava pazzo.
Lei era distesa sul letto e i miei occhi gettavano occhiate furtive sul suo seno. La desideravo e lei lo sapeva benissimo:
Bacio la sua sensibilità femminile con dolci parole. Sono giovane, sono pazzo di vita, cerco di spedirle il vento della passione che il volgare Carmelo tenta di bloccare, che stronzo!!!

17. Oktober

Wir waren Freunde geworden, und Carmelo brachte die Mädchen häufig zum Schwimmbad oder an den Trasimenischen See.
Ich lehnte es ab, mitzukommen, da ich lernen wollte. Eines Abends waren zwei der Mädchen, Julia und Johanna, und ich in der Einzimmerwohnung Carmelos, der keine Gelegenheit ausließ, Julia seine „Zuneigung zu zeigen".
Ich war nicht in der allerbesten Form und hatte nicht viel Lust zu reden und der Sizilianer verbrachte etwa zwanzig Minuten in Stille, die von ihm unterbrochen wurde, indem er mir sagte: „Du Verräter, du hilfst mir überhaupt nicht!"
So begannen wir zu plaudern und Julia lag auf dem Doppelbett, wo sie von Carmelo an fast allen Partien des Körpers gestreichelt wurde. Er hatte lateinamerikanische Musik aufgelegt.

Ich tanzte mit Johanna, von der ich bisher nichts berichtet habe. Sie ist klein, kräftig gebaut und ihre typische Art zu tanzen war, mich gegen das Bett zu werfen.
Für den Rest des Abends sonderte ich mich ab und zufälligerweise legte sich Julia neben mich, gefolgt vom scharfen Sizilianer wie von einem Jagdhund, der fortfuhr, sie fast überall zu streicheln. In der Zwischenzeit begann ich ein irrsinniges Gespräch mit Julia, die mich für verrückt hielt:
Sie lag ausgestreckt auf dem Bett, und ich warf heimlich Blicke auf ihre Brüste. Ich begehrte sie, und sie wusste es sehr genau:
Ich küsse ihre weibliche Empfindsamkeit mit süßen Worten. Ich bin jung, ich bin verrückt nach Leben und ich versuche ihr den „Wind der Leidenschaft" zu senden, den der vulgäre Carmelo versucht aufzuhalten, dieses Arschloch!!!

Le cito una frase dal libro "Don Giovanni o l'amore per la geometria" di Max Frisch.
E le dico che se lei è la luna io sono il lupo.

Io sono l'uomo e la luna nello stagno di questa notte
Tu sei la donna e lo stagno con la luna di questa notte
la notte ci rende "uno"
volti non ce ne sono
l'amore rende ciechi
poiché quelli laggiù non sono marito e moglie.

JULIA TU MI MANCHI COME LA LUNA MANCA AL LUPO.

Johanna si sentiva isolata e venne a sedersi vicino a me e io, a scherzo, dissi in romano:
"Che c'è l'hai na casa…
e vattene a casa", lei si arrabbiò tantissimo, rovinando l'umore di tutti noi; non l'ho più frequentata. L'ultimo ricordo di allora fu la frase dettami da Carmelo quando rimanemmo soli:
"Va bè, che ti piace Julia, ma ogni tanto devi considerare anche Johanna, no???".

Ich zitiere einen Satz aus dem Buch „Don Juan oder die Liebe zur Geometrie“ von Max Frisch.
Ich sage ihr, dass, wenn sie der Mond ist, ich der Wolf bin.

Ich bin der Mann und der Mond in dem Teich dieser Nacht
Du bist die Frau und der Teich mit dem Mond dieser Nacht
Nacht macht uns eins
Gesicht gibt es keins
Liebe macht blind
Die da nicht Braut und Bräutigam sind

JULIA, DU FEHLST MIR WIE DER MOND DEM WOLF FEHLT

Johanna fühlte sich allein gelassen und kam, um sich neben mich zu setzen. Im Scherz sagte ich zu ihr im römischen Dialekt: „Che c'è l'hai na casa…
e vattene a casa“ [4], woraufhin sie furchtbar wütend wurde und uns allen den die Stimmung verdarb. Wir haben uns dann nicht mehr miteinander getroffen. Die letzte Erinnerung, die ich an damals habe, war der Satz, den Carmelo zu mir sagte, als wir allein waren:
„Nun gut, dir gefällt Julia, aber ab und zu musst du auch Johanna Beachtung schenken, nicht wahr???“

20 Ottobre

Julia ha un ragazzo da sei anni, Theodor. Le mie intenzioni all'inizio non erano di "esplorarla sessualmente", ma l'abitudine di frequentarla quattro ore al giorno, accendeva in me una passione amorosa, che mi distruggeva allora e continua a logorarmi tuttora.

Il mio cuore riposava tranquillo prima di conoscere Julia.
Ma stava per giungere il momento in cui avrei dovuto sommergermi nei suoi più profondi misteri per portarlo alla superficie della ragione.
Una tempesta di passioni era in agguato.
Il mio cuore, un mare calmo, nelle cui profondità dimorano amicizie, amori, piaceri, ambizioni, sogni e speranze: mostri marini che in un momento inopportuno e inaspettato agitano le sue acque addormentate.
Ed io, marinaio inesperto che si lascia trasportare dalle tempeste di passioni del mio cuore.
E quando i venti delle passioni soffiano su di me, mi aggiro, Ulisse moderno, senza meta, vagabondando, con l'innato istinto della curiosità, tra volti e paesi stranieri nella vastità della vita, in uno stato di assoluta inconsapevolezza, poiché nulla è più enigmatico e incomprensibile nella vita dell'uomo, se non la vita stessa, di cui io sono lo spasimante devoto e lei... bè una sgualdrina incostante, che un giorno mi abbandonerà.
Ma, dicevo, riposava tranquillo il mio cuore prima di conoscere Julia...

20. Oktober

Julia hat seit sechs Jahren einen Freund, Theodor. Meine Absichten waren am Anfang nicht, sie „sexuell zu erkunden“, aber die Gewohnheit, sie vier Stunden täglich zu treffen, entzündete in mir eine leidenschaftliche Liebe, die mich dann zerstörte und noch immer zermürbt.

Mein Herz schlug ruhig, bevor ich Julia kennenlernte. Aber es kam der Moment, da ich von den tiefsten Geheimnissen des Herzens überflutet werden sollte, um es dann an die Oberfläche der Vernunft zu bringen.
Ein Sturm der Leidenschaften stand bevor.
Mein Herz, ein ruhiges Meer, in dessen Tiefe Freundschaft, Liebe, Freude, Ehrgeiz, Träume und Hoffnungen wohnen: Meeresungetüme, die in einem ungelegenen und unerwarteten Moment ihre ruhenden Wasser in ein reißendes Meer verwandeln.
Und ich, ein unerfahrener Seemann, der sich von den Stürmen der Leidenschaften meines Herzens treiben lässt.
Und wenn die Winde der Leidenschaften über mich hinwegblasen, treibe ich herum, ein moderner Odysseus, ohne Ziel, indem ich mit dem angeborenen Instinkt der Neugierde herumvagabundiere, zwischen fremden Gesichtern und Ländern in der Weite des Lebens, in einem Zustand der absoluten Unwissenheit, weswegen nichts mehr rätselhaft und unverständlich im Leben des Menschen ist, wenn nicht das Leben selbst, in welchem ich der ergebene Verehrer bin und sie … nun gut, eine wankelmütige Dirne, die mich eines Tages verlassen wird.
Aber ich sagte, mein Herz schlug ruhig, bevor ich Julia kennen lernte…

21 ottobre

Il giorno dopo, io e le tre ragazze tedesche andammo insieme a mensa e ci fu un chiarimento tra me e Johanna; in esso voglio ricordare un momento abbastanza buffo, perché io, parlando in tedesco, utilizzai parole tedesche somiglianti all'italiano, ma che avevano un significato estremamente diverso a ciò che volevo esprimere, e dissi:
"Ich hab' notiert, dass du was mit mir hast"
ossia in italiano
"Ho annotato sulla mia agenda che c'è stato qualcosa tra di noi"
e invece avrei voluto significare
"Ich habe bemerkt, dass du verärgert warst"
ossia
"Ho notato che tu avevi qualcosa contro di me".
Per farla breve capimmo che non ci sarebbe potuta essere amicizia tra di noi, perché avevamo visioni e concezioni diverse di essa. Così Johanna e l'altra tedesca, di cui non ho parlato finora e di cui non parlerò in futuro andarono via e rimasi solo con Julia, con cui iniziai una conversazione piacevolissima.
Le raccontai della mia sfortunata esperienza in Germania, di come la maggior parte delle persone sono tristi (ancora oggi non ne comprendo il motivo), della precisione e meccanicità nella vita quotidiana. Lei mi sorprese subito e capii che non era una ragazza stereotipata ma originale, confidandomi:
"In Germania avevo una bicicletta e tutte le biciclette in questa nazione sono assicurate, così io ho regalato la mia ad una amica di Amburgo e ne ho denunciato il furto e ho ricevuto tanti marchi".

21. Oktober

Am nächsten Tag gingen die drei deutschen Mädchen und ich zusammen in die Mensa und dort fand zwischen mir und Johanna eine Aussprache statt. Ich möchte an einen besonders komischen Moment erinnern, weil ich, als ich deutsch sprach, italienische Wendungen mit deutschen Worten benutzte, die aber dann eine ganz andere Bedeutung bekamen als das, was ich ausdrücken wollte und sagte auf deutsch:
„Ich hab' notiert, dass du was mit mir hast",
während ich versuchte, auszudrücken:
„Ich habe bemerkt, dass du verärgert warst."
Um es kurz zu machen, uns war klar, dass sich zwischen uns keine Freundschaft entwickeln würde, da wir von ihr unterschiedliche Ansichten und Vorstellungen hatten. So gingen Johanna und die andere Deutsche, von der ich bisher noch nichts erzählt habe und es auch in Zukunft nicht tun werde, und ich blieb mit Julia allein zurück, mit der ich eine sehr angenehme Unterhaltung begann.
Ich erzählte ihr von meiner unglücklichen Erfahrung in Deutschland und wie der größte Teil der Menschen dort unglücklich ist (auch heute verstehe ich nicht den Grund dafür) und von der Präzision und dem mechanischen Ablauf des täglichen Lebens. Sie hatte mich sofort überrascht und ich verstand, dass sie kein gewöhnliches Mädchen war, sondern einen eigenständigen Charakter hatte, als sie sich mir anvertraute:
„In Deutschland hatte ich ein Fahrrad und alle Fahrräder sind dort versichert, deswegen habe ich meins an eine Freundin aus Hamburg verschenkt und das Fahrrad als gestohlen gemeldet. Ich habe viel Geld dafür bekommen".

Poi mi prese in giro dicendomi che sono basso,
“Ma non ti preoccupare il mio ex-ragazzo è più basso di me”.
Entrammo in discorsi più intimi e,
“Sai io a letto sono un animale”.
“Oh, Marco, anch’io lo sono, una volta il mio attuale ragazzo preparò una cenetta a lume di candela perché non ci vedevamo da tre mesi e io gli chiesi perché faceva tutto questo. Qual’era lo scopo?
Io volevo fare sesso, lui anche, allora facciamo sesso.
Si arrabbiò così tanto che tentò di cacciarmi via dal suo appartamento”.
E così passò il pomeriggio, con i raggi del sole, che attraverso le vetrate del bar dello studente riscaldavano i nostri corpi e infiammavano i nostri discorsi ed è da questo momento che comincia quel periodo di tre settimane stupende e indimenticabili con Julia.

Dann nahm sie mich auf den Arm, indem sie mir sagte, ich sei klein.
„Aber mach dir deshalb keine Sorgen, mein Ex- Freund ist auch kleiner als ich."
Wir begannen langsam, von intimeren Dingen zu sprechen.
„Weißt du, im Bett bin ich ein Tier."
„Oh, Marco, ich auch. Einmal hat mein jetziger Freund ein romantisches Abendessen bei Kerzenschein vorbereitet, da wir uns drei Monate nicht gesehen hatten und ich habe ihn gefragt, warum er das alles organisiere. Was war der Sinn?
Ich wollte nur Sex mit ihm haben und er auch, also lass uns Sex haben.
Er ist so wütend geworden, dass er versucht hat, mich aus seiner Wohnung zu schmeißen."
Und so verging der Nachmittag mit den Sonnenstrahlen, die durch die Fensterscheiben des Studentencafes unsere Körper erhitzten, unsere Gespräche entzündeten und von diesem Moment an beginnt die Zeit der drei wunderbaren und unvergesslichen Wochen mit Julia.

25 ottobre

La dolcezza negli incontri tanto ripetuti.
Una pioggia di baci inonda il mio viso di felicità.
E lei sulle mie gambe con le gambe aperte, il cielo dell'amore azzurro e limpido alle mie voglie.
Al diavolo gli amici e libri e la città:
sogno fra i seni di un angelo sensuale, che mi fa dimenticare le difficoltà quotidiane.
Sono un uomo, che percorre il sentiero dell'amore.
Amo l'amore.
Mi sento bene in questo mondo di carta ma non sarà certamente la penna a calmare la mia voglia d'amare, se lei non è qui…

25. Oktober

Die Süße der sich wiederholenden Treffen.
Ein Regen von Küssen der mein glückstrahlendes Gesicht überschwemmt.
Und sie mit geöffneten Schenkeln auf meinem Schoss, im Zentrum meiner Lüste, verloren im Himmel der Liebe.
Zum Teufel mit den Freunden, den Büchern und der Stadt:
Ich träume zwischen den Brüsten eines sinnlichen Engels, der mich die Schwierigkeiten des Alltags vergessen lässt.
Ich bin ein Mann, der den Weg der Liebe zurücklegt.
Ich liebe die Liebe.
Ich fühle mich wohl in dieser Welt aus Papier, aber es wird bestimmt nicht der Stift sein, der meinen Wunsch zu lieben beruhigt, wenn sie nicht hier ist…

28 ottobre

Iiiiiiiiiiiiiii
Questo è un suono che posso trascrivere con la - i, emesso da Julia i suoi primi giorni a Perugia.
Sì, lei aveva delle espressioni e dei gesti così spontanei e tipici dei tedeschi, ma così buffi per un italiano, che mi facevano apprezzare ancora di più il tempo che trascorrevo con lei.
Prendemmo l'abitudine di mangiare ogni giorno a mensa e degustare una bevanda alla caffetteria dopo pranzo. Io bevevo sempre un caffè lungo con due cucchiaini di zucchero (non ha mai riso abbastanza della quantità di zucchero, troppo!!!) e lei un cappuccino con un quarto di cucchiaino di zucchero.
"E che cosa ne pensi del mio litigio con Johanna?"
"Credo che lei soffra di problemi di statura, è molto bassa, e anch'io mi ci sono quasi bisticciata, perché lei vuole stare sempre con me e si affida a me per fare nuove conoscenze, voglio essere libera"
"Mi piacciono moltissimo le ragazze con le tette enormi"

"Iiiiiiiiiiiiiiii, Marco, non dire questo, le tette grosse sono un problema per le ragazze, specialmente se vogliono fare sport, provocano dolore"
"Ma io ho notato che a Passau ce ne sono tantissime così"
"Infatti se le lasciano rimpicciolire..."

28. Oktober

Iiiiiiiiiiiiiiii,
Dies ist ein Laut, den ich mit nur mit einem langen „i“ umschreiben kann, ausgestoßen von Julia in ihren ersten Tagen in Perugia.
Ja, sie machte diese so spontanen und für Deutsche typischen Laute und Gesten, die so komisch für einen Italiener sind, die mich die Zeit aber noch mehr schätzen ließen, welche ich mit ihr verbrachte.
Wir hatten uns angewöhnt, täglich in die Mensa zu gehen und nach dem Mittagessen in der Cafeteria einen Kaffee zu trinken. Ich trank immer einen *caffé lungo*[5] mit zwei Teelöffeln Zucker (sie hat sich immer über die zu große Menge an Zucker amüsiert!!!) und sie einen Cappuccino mit einem Viertel Teelöffel Zucker.
„Was denkst du über meinen Streit mit Johanna?“
„Ich glaube, sie hat Probleme mit ihrer Größe. Sie ist ziemlich klein. Ich habe mich mit ihr auch schon fast gestritten, weil sie sich immer an mich hängt und sich völlig auf mich verlässt, wenn es darum geht, neue Bekanntschaften zu machen. Ich möchte frei sein.“
„Mir gefallen Mädchen mit großen Titten sehr.“

„**Iiiiiiiiiiiiiiii**, Marco, sag’ so etwas nicht, große Titten sind ein Problem für Frauen, besonders wenn sie Sport machen wollen. Sie verursachen Schmerzen.“
„Mir ist aufgefallen, dass es in Passau sehr viele davon gibt“.
„Viele lassen sie sich verkleinern.“

… E continuammo così per quattro ore:
Ore deliziose, che non potrò più rivivere, come posso dimenticare? Soffro nel ricordare, ma è uno sforzo che debbo fare, forse per riversare i miei sentimenti in questo recipiente di carta e tornare ad essere un uomo che apprezza la vita e ciò che la circonda; per il momento ogni cosa è senza valore, così irreale e assurdo.
Perché viviamo, perché desideriamo, perché amiamo e odiamo, perché i medici studiano per allungare le nostre esistenze, mentre i soldati e la cattiveria del genere umano controbilancia il tutto accorciandole?
Nel frattempo scrivo ad un tavolino, ricoperto da una tovaglia color rosso e ascolto musica jazz e il caldo della calda estate italiana avvolge i miei pensieri e la scrittura diviene un altro espediente per non cadere nel vuoto.

Und so ging es für vier Stunden weiter, angenehme Stunden, die ich nicht noch einmal erleben kann, aber wie könnte ich sie je vergessen? Ich leide bei der Erinnerung, aber es ist eine Anstrengung, die ich unternehmen muss, vielleicht, indem ich meine Gefühle dem Papier anvertraue, kann ich wieder ein Mann werden, der das Leben und das, was es umgibt, schätzt. Im Moment ist alles wertlos, so irreal und absurd.

Warum leben wir? Warum haben wir Wünsche? Warum lieben und warum hassen wir? Warum forschen die Mediziner, um unser Leben zu verlängern, während die Soldaten und die Bosheit der Menschen dieses ausgleichen, indem sie es verkürzen?

Währenddessen schreibe ich an einem Tischchen mit einer roten Decke und höre Jazzmusik, und die Wärme des italienischen Sommers umhüllt meine Gedanken und das Schreiben wird zu einem weiteren Mittel, um nicht ins Leere zu fallen.

4 maggio

Per le vie di Perugia, attraverso l'acquedotto, fino a quell'appartamento fuori dal centro, cui ero solito accompagnarti e i pini che lo circondano e fanno da cornice alla luna calma e inebriante, che sorride del tempo andato di te e di me.
Già tu sai… dolci carezze di un ricordo non così lontano sono le note del canto dei grilli, destati in questa primavera per non lasciarti dimenticare.

Maggio
Ti amo
Vengo da te

Ti racconto del mio racconto, i nostri sguardi, in lotta con la ragione, e vogliosi d'avventura s'incrociano, una sottile barriera d'aria ci separa, vorrei baciarti, non ci riesco, quest'onda d'amore non è abbastanza forte da sfracellare il muro di inibizione e paura di sbagliare e ferirci.

Maggio
Ti amo
Vado via da te

Il mio cuore batte forte
Sono a pezzi
Penso solo a te
Un giorno forse…

4. Mai

Durch die Straßen Perugias, über das Aquädukt, bis zu der Wohnung außerhalb des Zentrums, zu der ich dich gewöhnlich begleitet hatte, unter den Pinien, die sie umgaben und einen Rahmen um das ruhige und berauschende Mondlicht bildeten, welches die vergangene Zeit zwischen mir und dir belächelt. Du weißt schon... süße Liebkosungen einer nicht so fernen Erinnerung sind die Töne des Gesangs der Grillen, erwacht in jenem Frühling, um dich nicht vergessen zu lassen.

Mai
Ich liebe dich
Ich komme zu dir

Ich erzähle dir meine Erzählung, unsere Blicke, im Kampf mit der Vernunft und begierig nach Abenteuer, kreuzen sich, eine dünne Barriere aus Luft trennt uns, ich möchte dich küssen, schaffe es nicht; die Woge der Liebe ist nicht stark genug, um die Mauer des Verbots und die Angst zu irren und uns zu verletzen, zu zertrümmern.

Mai
Ich liebe Dich
Ich gehe fort von dir

Mein Herz schlägt stark
Ich bin zerrissen
Ich denke nur an dich
Eines Tages vielleicht…

1 novembre

"… Sei romantica?"
"Io ? No, per niente "
"Non ti credo"
"Sono realista e so che tutti gli uomini usano il romanticismo per andare a letto con le donne".
Nel frattempo la nostra amicizia è cresciuta, ogni gesto, ogni parola diviene naturale e allora prendo le sue mani, sbilanciando il suo corpo in avanti più vicino a me, mettendo in evidenza i seni, non così grandi, della misura giusta, belli da guardare e desiderare e baciare.
"Marco, questi contatti in Italia sono così importanti, in Germania è diverso. Quando Carmelo mi accarezza a quel modo, è naturale qui da voi?"
Non so cosa rispondere e sono sorpreso, una donna di qualsiasi dove, penso che avrebbe capito le intenzioni sessuali di quelle carezze.
Rimango attonito e decido di stare al suo gioco:
"Non ne ho idea, devi intuirlo tu".
La prima volta che Carmelo mi incontrò con le tre ragazze tedesche, gli confidai della mia attrazione per Julia.
"Non c'è nessun problema, io ci provo con Johanna"
"Ma ti piace?"
"No, ma io vado a letto con tutte".
Una sera andammo al St. Andrews, una piccola discoteca nel centro della città e Julia indossava un pantalone grigio succinto, che evidenziava le sue forme sensuali e stuzzicò ancor di più le nostre fantasie, quando mise il pacchetto di sigarette tra il pantalone e la pancia, lasciandoci intravedere le mutandine dai colori dell'arcobaleno e dopo che le avevamo riaccompagnate a casa, Carmelo mi disse:

1. November

„...Bist du romantisch?“
„Ich? Nein, überhaupt nicht.“
„Das glaub’ ich dir nicht.“
„Ich bin realistisch und ich weiß, dass die Männer die Romantik nur benutzen, um die Frauen ins Bett zu bekommen.“
In der Zwischenzeit ist unsere Freundschaft gewachsen, jede Geste, jedes Wort wurde natürlich, und ich nahm nun ihre Hände und brachte ihren Körper aus dem Gleichgewicht, indem ich sie an mich heranzog, was ihre Brüste – sie waren nicht zu groß, gerade richtig, schön anzuschauen, zu begehren und zu küssen – zur Geltung brachte.
„Marco, diese Berührungen sind in Italien so wichtig. In Deutschland ist es anders. Wenn Carmelo mich so streichelt, ist das hier normal bei euch?“
Ich weiß nicht, was ich antworten soll und bin überrascht. Eine Frau, dachte ich, wo auch immer sie herkommt, hätte die sexuellen Absichten dieser Zärtlichkeiten verstanden.
Ich bin verstört und beschließe, ihr Spiel mitzuspielen.
„Keine Ahnung, das musst du selber herausfühlen“.
Das erste Mal, als Carmelo mich mit den drei deutschen Mädchen traf, vertraute ich ihm meine Zuneigung zu Julia an.
„Kein Problem, ich mach’ mich dann an Johanna ran.“
„Aber gefällt sie Dir?“
„Nein, aber ich gehe mit jeder ins Bett.“
Eines Abends gingen wir ins *St. Andrews*, eine kleine Disco im Zentrum der Stadt, und Julia hatte eine enge graue Hose an, die ihre sinnlichen Formen unterstrich und unsere Fantasie noch weiter anregte, als sie ihr Päckchen Zigaretten zwischen Hose und Bauch klemmte und uns ihre regenbogenfarbene Unterhose kurz sehen ließ. Nachdem wir sie nach Hause begleitet hatten, sagte mir Carmelo:

"Voglio farmi Julia"
"Ma lei piace a me e tu sei mio amico"
"Non mi importa nulla".
Il silenzio, che ne seguì tradusse la mia impossibilità o forse non so, la mia incapacità a reagire alla sua provocazione.
Oramai qualcosa di veramente disgustoso aveva cominciato a prender forma .

Carmelo sarebbe tanto voluto essere come uno di quegli attori holliwoodiani, sempre attorniato da bellissime donne.
E per non sapere cosa fare si diede un atteggiamento. Una immensa insicurezza nascosta dietro una macchina, un cellulare e i soldi del padre, perfino lo stesso lavoro del padre.
No, non era uno di quei fighetti ben vestiti dal galateo standardizzato:
due calzini, uno diverso dall'altro per colore e lunghezza un pantalone stracciato, maglietta stropicciata un paio di occhialini ovali e un cappellino strano per ogni occasione e – voilà, signora, il tuo uomo alternativo è qui a rompere la tua noia quotidiana.
Ma non era difficile stanarlo.
E quella espressione sfacciata sul suo volto dopo una serata fallimentare in discoteca o in qualsiasi altro dove si tramutava in dolore per la consapevolezza di essere proprio come quei fighetti standardizzati con una vita interiore vuota, compensata da atteggiamenti estranei al suo io più profondo:

ESTRANEAMENTO ALLONTANAMENTO E RINUNCIA A SE STESSO.

„Ich will es mit Julia treiben."
„Aber sie gefällt mir und du bist mein Freund."
„Ist mir völlig egal."
Die Stille, die folgte, zeigte die Unmöglichkeit oder vielleicht – ich weiß es nicht – meine Unfähigkeit, auf seine Provokation zu reagieren.
Schon jetzt hatte etwas wirklich Widerliches begonnen, Form anzunehmen.

Carmelo wollte so gerne einer dieser Schauspieler aus Hollywood sein, die immer von wunderschönen Frauen umgeben sind.
Da er nicht wusste, was er machen sollte, verhielt er sich folgendermaßen: Eine tiefe Unsicherheit war versteckt hinter seinem Auto, seinem Handy, dem Geld des Vaters und darin, dass er sogar den gleichen Beruf wie sein Vater wählte.
Nein, er war keiner von diesen gut gekleideten Schönlingen mit standardisiertem, kniggegemäßen Verhalten:
zwei unterschiedlich farbige und lange Socken, eine zerlumpte Hose, ein zerknittertes Sweatshirt, Nickelbrille und eine seltsame Mütze zu jeder Gelegenheit und – voilà, meine Dame, ihre „männliche Alternative" ist hier, um sie die Langeweile des Alltags vergessen zu lassen.
Aber es war nicht schwer, dies heraus zu finden.
Und dieser unverschämte Ausdruck auf seinem Gesicht nach einem katastrophalen Abend in der Disco oder irgendwo anders verwandelte sich in Schmerz, weil im bewusst geworden war, dass er wie diese standardisierten Schönlinge war mit einer inneren Leere, die er durch ein Verhalten kompensierte, das seinem tiefsten Ich fremd war.

ENTFREMDUNG, ENTFERNUNG UND VERZICHT AUF SICH SELBST.

Carmelo sarebbe tanto voluto essere come uno di quegli attori holliwoodiani, sempre attorniato da belle donne.
Mi piacevano i miei incontri con Julia e dopo un paio di giorni dalla nostra conoscenza, ho iniziato inconsapevolmente ad amarla.
Ho sempre creduto che il sesso sia il bellissimo coronamento, il "dolce" di una amicizia disinteressata, che cresce giorno dopo giorno. Se qualcosa deve accadere, deve accadere naturalmente, senza forzarla.
Ed è ciò che ha fatto Carmelo sin dall'inizio, ha voluto forzare l'andamento naturale degli eventi. Ha pensato sempre e solo a "quella cosa".
Ha distrutto tutto.

Carmelo wollte so gerne einer dieser Schauspieler aus Hollywood sein, die immer von wunderschönen Frauen umgeben sind.

Mir gefielen meine Treffen mit Julia, und nach ein paar Tagen unserer Bekanntschaft begann ich unbewusst, sie zu lieben.

Ich habe immer geglaubt, dass Sex die wunderbare Krönung, das „Dessert“, einer uneigennützigen Freundschaft ist, die Tag für Tag wächst. Wenn etwas geschehen soll, soll es natürlich geschehen, ohne dass es erzwungen wird.

Und das, was Carmelo von Anfang an gemacht hat; er wollte den natürlichen Ablauf der Dinge mit Gewalt beschleunigen.

Er hat immer nur an „das Eine“ gedacht.

Er hat alles zerstört.

4 novembre

Era una di quelle giornate soleggiate, che ti invogliano a passeggiare.
Esco dal mio monolocale in Corso Garibaldi (questa è una delle vie più affascinanti di Perugia con le sue case colorate, che in alcuni tratti ti danno l'impressione di essere nei vicoli di Napoli ed è di passaggio in estate per moltissimi studenti, che si dirigono al Tempio di S.Angelo, per prendere il sole, leggere libri, fumare, bere vino e lasciare i cani liberi di godere del bel tempo) e giungo di fronte all'Università per Stranieri, sita nel bel Palazzo Gallenga e oltrepasso l'Arco Etrusco per arrivare in Corso Vannucci fino Piazza della Repubblica, per osservare il magnifico panorama, che si presta ai miei occhi.
Attraverso di nuovo Corso Vanucci ma al contrario fino ai gradini della Cattedrale di S.Lorenzo (di fronte ad essa c' è la Fontana Maggiore) e là incontro Julia, seduta, intenta a leggere, parliamo un po' e vado via.
Verso mezzogiorno la incontro nuovamente ai Giardini dell'Università e così intuiamo, di dover consumare i nostri consueti caffè e cappuccino.
Poi ci sediamo ad una panchina e Julia mi fa dono dell'auricolare sinistro del suo walkman, in modo da poter ascoltare la musica insieme e poggia il suo capo sulla mia spalla, con i raggi del sole che ci sbattono contro.
"Guarda come sono grassi i piccioni qui in Italia"
"Sì, Marco, in Germania sono veramente magri"
Osservo la sua maglietta, ne aveva molte dello stesso colore, e:
"Tu indossi solo magliette color marrone chiaro?"

4. November

Es war einer dieser sonnigen Tage, die in dir die Lust wecken, spazieren zu gehen.
Ich verlasse meine Einzimmerwohnung im *Corso Garibaldi* (er ist einer der faszinierendsten Straßen Perugias mit den bunten Häusern, die an einigen Stellen den Eindruck erwecken, in den Gassen Neapels zu sein, und im Sommer gehen hier viele Studenten spazieren, die dann in Richtung *Tempio di S. Angelo* gehen, um sich zu sonnen, Bücher zu lesen, zu rauchen, Wein zu trinken und die Hunde freilaufen zu lassen, damit auch sie das schöne Wetter genießen können) und erreiche die Ausländeruniversität, die sich im schönen *Palazzo Gallenga* befindet und gehe am *Arco Etrusco* vorbei, um den *Corso Vannucci* und die *Piazza della Repubblica* zu erreichen und die wundervolle Aussicht zu bewundern, die sich meinen Augen bietet.
Ich gehe wieder über den *Corso Vanucci*, aber diesmal bis zu den Treppen der *Cattedrale di S. Lorenzo* (gegenüber befindet sich die *Fontana Maggiore*) und dort treffe ich Julia, die auf dem Boden sitzt und ein Buch liest. Wir unterhalten uns ein wenig, und danach gehe ich weiter.
Gegen Mittag treffe ich sie erneut in den Gärten der Universität und so verstehen wir, dass wir unseren üblichen Kaffe bzw. Cappuccino trinken müssen.
Danach setzen wir uns auf eine Bank, und Julia gibt mir den linken Kopfhörer ihres Walkmans, damit wir gemeinsam Musik hören können, und sie lehnt ihren Kopf an meine Schulter, unter Sonnenstrahlen, die uns entgegen scheinen.
„Schau, wie fett die Tauben in Italien sind."
„Ja, Marco, in Deutschland sind sie wirklich dünn."
Ich betrachte ihre Bluse – sie besaß mehrere derselben Farbe - und fragte sie: „Trägst du nur hellbraune Sachen?"

"Marrone chiaro? Questo è cachi"
E proprio in quel momento osservo un piccione e noto, che il colore dei suoi occhi è simile alla maglietta di Julia.
Rido e chiamo il volatile:
"Cachi cachi cachi qui bello qui …
…Senti Julia , una volta, parlando con una amica, mi ha confidato che le donne non fanno mai piriti. E' vero?"
"Cosa sono i piriti?"
"Furz"
(imbarazzata) "Sì è vero"
Silenzio.
Accenno di un sorriso.
"Marco, di cosa mi fai discutere ?!!!"
"Ho conosciuto a Passau un ragazzo un po' matto… Michael…"
"Sì lo conosco anch'io , è bisex"
"Non ti credo con me parlava solo di donne. Millantava di averne abbordato due contemporaneamente in discoteca"
"Era una tattica per sedurti"
Nel mentre passa una ragazza del mio paese, truccatissima e goffissima e conveniamo tutte e due, che ciò che rende bella una persona è la sua naturalezza. Una donna deve avere sia qualità e indipendenza, oltre al trucco eccessivo. In generale, le donne in Italia sono manierate, piene di cliché e dipendono prima dalla famiglia e poi dal marito. Il primo nostro commento, quando vedemmo questa ragazza fu:
"Puah , che schifo!!!"

„Hellbraun? Das ist Khaki."
Und genau in diesem Moment beobachte ich eine Taube und bemerke, dass die Farbe ihrer Augen eine ähnliche Farbe wie die von Julias Bluse haben.
Ich lache und locke den Vogel:
„Khaki, khaki, khaki, na, komm her...
...Hör mal, Julia... einmal, als ich mit einer Freundin gesprochen habe, hat sie mir anvertraut, dass Frauen nie *piriti* machen. Ist das wahr?"
„Was sind *piriti*?"
„Furze"
(verlegen) „Ja, das stimmt"
Stille.
Der Anflug eines Lächelns.
„Marco, über was für Sachen lässt du mich hier eigentlich reden?!!!"
„Ich habe in Passau einen etwas verrückten Typen kennen gelernt... Michael..."
„Den kenne ich auch. Der ist bi."
„Das glaube ich dir nicht, mit mir hat er nur über Frauen geredet. Er brüstete sich damit, zwei gleichzeitig in der Disco abgeschleppt zu haben."
„Das war seine Taktik, um dich zu verführen."
Während dessen kommt ein stark geschminktes und dadurch albernwirkendes Mädchen vorbei, das ich aus meinem Dorf kenne, und wir sind uns einig, dass es Natürlichkeit ist, die eine Person schön sein lässt. Eine Frau muss sowohl eigenständig als auch unabhängig sein, jenseits von exzessivem Schminken. Generell sind die Frauen in Italien geziert und voller Klischees und sind in erster Linie von der Familie und dann vom Ehemann abhängig. Unser erster Kommentar, als wir das Mädchen sahen, war:
„Iiii, wie schrecklich!!!"

Ci alzammo e poiché lei voleva tornare al suo appartamento, in quanto aspettava che il ragazzo la chiamasse per farle gli auguri per l'anniversario del sesto anno di fidanzamento (– Julia:"non credo nel romanticismo" –), ci guardammo e contemporaneamente sbottammo in un

" CHE ROMANTICO !!! "

Mi da appuntamento per la sera, mentre io con la schiena leggermente piegata in avanti e le braccia tese verso il basso, inseguo i piccioni, gridando :
"Cachi cachi cachi qui belli qui "…

Wir standen auf, da sie in ihre Wohnung zurückkehren wollte, in der sie darauf wartete, dass ihr Freund anrief, um ihr zu ihren gemeinsamen sechsten Jahrestag ihrer Beziehung zu gratulieren. (Julia: „Ich glaube nicht an Romantik.“) Wir schauten uns an und prusteten gleichzeitig ein

„WIE ROMANTISCH!!!“

heraus.

Wir verabreden uns für den Abend, während ich, leicht nach vorne gebeugt und mit in Richtung Boden ausgestreckten Armen, die Tauben verfolge und rufe:
„Khaki, khaki, khaki, na, komm her...“

5 novembre

Notte.
Notte dionisiaca, che frantuma la dura realtà del giorno in una infinità di stelle, che ci illuminano nei sentieri dei sogni.
Notte,
mi sento un folle libero da ogni legame e ti seguo, seguendo i miei sensi, liberi da ogni freno inibitore.
"Marco, ti odio, perché cammini sempre dietro di me? Ti piace guardarmi di dietro?"
"Sì, hai un bel culo"
"Come sei romantico!!!"
"Sono un poeta"
"Ah sì e allora recitami una tua poesia"
"Ok.

Arturo ossia la storia di un nome:
Arturo
Artur
Artu
Art
Art de scopar

"Figooooooooooooo…"

"Ah, ah, ah, molto divertente"
"Non è colpa mia se a Passau mi hanno insegnato a dire: *ich gehe in die Pop-Mensa, um zu poppen*[2]. Questo mi ha ispirato.

Ma ora ascolta bene:

5. November

Nacht.
Dionysische Nacht, welche die harte Realität des Tages in eine Unendlichkeit von Sternen zertrümmert, die uns die Wege der Träume erleuchten.
Nacht, ich fühle mich wie ein Wahnsinniger frei von jeder Bindung und folge dir, meinen Sinnen gehorchend und frei von jedem hemmenden Verbieter.
„Marco, ich hasse dich, warum gehst du immer hinter mir? Gefällt es dir, mich von hinten zu sehen?"
„Ja, du hast einen schönen Arsch!"
„Wie romantisch du bist!!!"
„Ich bin ein Dichter."
„Ah ja? Dann sag mir ein Gedicht von dir auf."
„Ok.

Arturo und zwar die Geschichte eines Namens:
Arturo
Artur
Artu
Art
Art zu poppen.

Coooooooooooooool…"

„Hahaha, sehr lustig."
„Es ist nicht meine Schuld, dass sie mir in Passau beigebracht haben zu sagen, ‚ich gehe in die Pop-Mensa, um zu poppen'. Das hat mich inspiriert.

Aber hör jetzt gut zu:

Il Viaggio.

Fino a diciotto anni ho abitato in un piccolo paesino nel sud-Italia. E dopo l'esame di maturità ho deciso.
Uno zaino a tracollo e i bagagli al mio fianco, e così sono partito.
Che amori immensi con la mia fantasia afferravo!!!
Il viaggio, il mio primo lavoro nei ristoranti italiani in Germania.
O le mie prime parole d'amore per Melanie:
"… Ti amerò fin quando gli uccelli non smetteranno di volare
Ti amerò fin quando le stelle non baceranno la luna
Senza di te sono un cantante senza voce…"
Il viaggio, la poesia di Parigi o una danza con Valerie:
"… Changez les dames, changez les dames,
Je vous en prie
Changez les dames, changez les dames…"
Il viaggio, Peter Pan, eterno fanciullo curioso, in cammino verso luoghi sconosciuti, senza meta, senza scopo.

Il viaggio,

UN CALDO BACIO SOTTO IL CIELO STELLATO DELLA NOSTRA DOLCE E INFINITA ESTATE…

Mi fissi negli occhi e capisci che non mento, sono un poeta che canta la poesia di questa notte con te:
Notte.
Notte dionisiaca, che frantuma la dura realtà del giorno in una infinità di stelle, che ci illuminano nei sentieri dei sogni.

Die Reise.

Bis zu meinem 18. Lebensjahr habe ich in einem kleinen Dorf in Süditalien gelebt. Und nach dem Abitur habe ich meinen Entschluss gefasst.
Einen Rucksack auf den Schultern und das Gepäck an meiner Seite. Und so bin ich fort gegangen.
Welche Lieben ergriff ich in meinen Phantasien!
Die Reise, die erste Arbeit in einem italienischen Restaurant in Deutschland.
Oder meine ersten liebenden Worte zu Melanie:
„…Ich werde dich lieben, solange die Vögel nicht aufhören zu fliegen. Ich werde dich lieben, solange die Sterne nicht den Mond küssen. Ohne dich bin ich ein Sänger ohne Stimme…'
Die Reise, die Poesie Paris oder ein Tanz mit Valerie:
„… Changez les dames, changez les dames, Je vous en prie
Changez les dames, changez les dames…"
Die Reise, Peter Pan, ewig neugieriger Junge, auf dem Weg zu unbekannten Orten, ohne Ziel, ohne Zweck...

Die Reise,

EIN WARMER KUSS UNTER DEM STERNENHIMMEL UNSERES SÜßEN UND UNENDLICHEN SOMMERS...

Du blickst mir tief in die Augen und verstehst, ich lüge nicht, ich bin ein Dichter, der die Poesie dieser Nacht mit dir singt: Nacht.
Dionysische Nacht, welche die harte Realität des Tages in eine Unendlichkeit von Sternen zertrümmert, die uns die Wege der Träume erleuchten.

Notte,
mi sento un folle libero da ogni legame e ti seguo, seguendo i miei sensi, liberi da ogni freno inibitore…

Nacht,
ich fühle mich wie ein Wahnsinniger frei von jeder Bindung und folge dir, meinen Sinnen gehorchend und frei von jedem hemmenden Verbieter…

10 novembre

Mezzanotte viene annunciata dall'orologio della torre.
Termina un giorno. Un foglio di calendario cade per terra. Si scrive una nuova data.
Julia: "E' scoccata l'ora. Dobbiamo separarci"
Marco: "Arrivederci, Amor mio".
Julia: "Arrivederci".
La strada è vuota e Julia diviene insicura.
La luna brilla. Fa freddo. La tranquillità della notte viene trafitta da un grido. All'angolo disteso Marco che dice:
"Addio amor mio, addio".
La strada è vuota. La luna brilla. Fa freddo.
La tranquillità della notte viene trafitta da un pianto.

Wow, che notte, forse è vero, prima che ti avvenga qualcosa di negativo, hai dei brutti sogni.
Mi alzo, ancora tremante dal letto e osservo l'ora: 8.30.
Ho una intera mattinata per studiare. Debbo però farlo in una biblioteca, perché io abito, è proprio il caso di dirlo, in una "cantina", dove la luce del giorno non filtra mai o molto debolmente.
Ma il ricordo della prima volta che Carmelo ci ha provato con Julia mi assilla:
Un lunedì di ottobre io, Johanna, Julia e Carmelo bevemmo del vino rosso a casa mia e l'unico fatto divertente fu che giocammo ad un gioco, chiamato "Marziano numero uno chiama Marziano numero due" e chi sbagliava, doveva pagare un pegno.
E così venne il turno di Carmelo di commettere un errore: si è abbassato i pantaloni e contemporaneamente ha imitato il verso di uno scimmiotto:

10. November

Mitternacht schlägt es vom Turm.
Es endet der Tag. Ein Kalenderblatt fällt. Man schreibt ein neues Datum.
Julia: „Die Stunde schlägt, nun müssen wir uns entscheiden“
Marco: „Lebe wohl, meine Liebste.“
Julia: „Lebe wohl.“
Die Straße ist leer und Julia wird unsicher.
Der Mond scheint. Es ist kalt. Die Stille der Nacht wird von einem Schrei durchbrochen. Um die Ecke liegt Marco, der sagt:
„Lebe wohl, meine Liebste, lebe wohl.“
Die Straße ist leer. Der Mond scheint. Es ist kalt.
Die Stille der Nacht wird von einem Weinen durchbrochen.

Wow, was für eine Nacht, vielleicht ist es wahr, dass man, bevor etwas Schlimmes passiert, Alpträume hat.
Ich stehe noch zitternd auf und sehe auf die Uhr: 8:30 Uhr.
Ich habe den ganzen Morgen Zeit zum Studieren. Ich muss dafür aber in die Bibliothek gehen, weil ich – man muss es so sagen – in einem „Keller“ wohne, wo das Tageslicht nie oder nur sehr schwach eindringt.
Aber die Erinnerung an das erste Mal, an dem sich Carmelo an Julia herangemacht hat, quält mich:
An einem Montag im Oktober tranken Johanna, Julia, Carmelo und ich Rotwein bei mir Zuhause und das einzig Lustige war, dass wir ein Spiel spielten, das „Marsmensch Nummer eins ruft Marsmensch Nummer zwei“ hieß und wer verlor, musste ein Pfand zahlen.
Und so war Carmelo an der Reihe, einen Fehler zu begehen: Er ließ die Hosen runter und ahmte gleichzeitig ein Affenjunges nach:

"A A A A aaaaaaaaaaaa..."
(Bisogna immaginarsi questa vocale pronunciata in modo stridulo e con un tono alto senza pause).
"Marco, come vedi io non ho nulla da nascondere".
E quella fu la sera, che Carmelo e Julia si scambiarono i numeri di telefono.
La sera seguente eravamo a casa di Carmelo, che propose un gioco in cui tutti si nascondevano e uno di noi, al buio, attraverso il tocco della mano doveva scovare gli altri e indovinarne il nome corretto.
Carmelo: "Ah, Marco, sono un genio, così possiamo tastare le ragazze dappertutto"
Dopodiché andammo al Velvet.
Johanna e l'altra tedesca decisero che erano troppo stanche per venire con noi. Così rimanemmo io, Carmelo e Julia e al termine della serata, Carmelo mi accompagnò per primo a casa.
"Marco, dai, scendi, su, così accorcio il cammino"
(Non stava nella pelle, sembrava un bambino desideroso di mangiare immediatamente caramelle).
E rimasto solo con Julia provò a baciarla ed è quello che fece fino alla fine di dicembre, ogni volta che ebbero un appuntamento.
L'uomo è abbastanza virile da poter sopportare guerre, fame, sete, peste, calamità naturali ma spesso si arrende di fronte agli ostacoli più semplici.
Donne, giardino di rose profumate ma piene di spine che pungono e fanno male.
Donne, fascino e disgusto.
Donne, desiderio di restare e voglia di fuggire.

„A A A A aaaaaaaaaaaa…“,
(Man muss sich dabei diesen Ruf, schrill, mit einem hohen Ton und das alles ohne Pause vorstellen.)
„Marco, wie du siehst, habe ich nichts zu verstecken.“
Und dies war der Abend, als Carmelo und Julia die Telefonnummern austauschten.
Am folgenden Abend waren wir bei Carmelo zuhause, der ein Spiel vorschlug, bei welchem sich alle versteckten und einer von uns musste im Dunkeln durch Handberührung die anderen finden und den richtigen Namen erraten.
Carmelo: „He Marco, ich bin ein Genie, so können wir die Mädchen überall berühren.“
Danach sind wir ins *Velvet* gegangen.
Johanna und das andere deutsche Mädchen beschlossen, nicht mit uns zu kommen, dass sie zu müde seien, um mit uns zu kommen. So blieben wir zu dritt, Carmelo, Julia und ich, und am Ende des Abends begleitete Carmelo mich zuerst nach Hause.
„Komm schon, Marco, steig aus, dann kann ich den Weg abkürzen.“
(Er fuhr aus der Haut. Er erinnerte an ein Kind, das seine Bonbons sofort alle auf einmal aufnaschen möchte.)
Und als er allein mit Julia war, versuchte er sie zu küssen und das war es, was er bis Ende Dezember versuchte, jedes Mal, wenn sie eine Verabredung hatten.
Ein Mann ist Manns genug, Kriege ertragen zu können, Hunger, Durst, Pestepidemien, Naturkatastrophen, aber oft gibt er angesichts geringerer Hindernisse auf.
Frauen, duftende Rosengärten voller Dornen, die stechen und schmerzen.
Frauen, Faszination und Abscheu.
Frauen, Wunsch zu bleiben und Wunsch zu entfliehen.

E' la contraddizione femminile che ti fa contraddire e capitolare: non sono state proprio le donne a lottare a lungo per raggiungere l'indipendenza, per poter dimostrare le loro qualità, per non essere più trattate come oggetti, utili solo come macchine fecondatrici e di piacere?
E proprio in nessun modo Julia riesce a comprendere la perversa e assurda arroganza di Carmelo a ridurla a oggetto di lussuria? E proprio in nessun modo Julia riesce a comprendere l'abominevolezza e detestabilità di trascorrere tre ore al giorno con un ragazzo, il quale per tutto il tempo resta in silenzio e approfitta di ogni occasione per provarci?
Forse ero in errore, forse non era quella persona speciale che credevo di aver finalmente incontrato ma semplicemente una bella ragazza, che però aveva un grande ascendente su di me, niente di cui vantarsi dato che nasceva dalla mia fragilità.

Es ist die weibliche Widersprüchlichkeit, die dich dir selbst widersprechen und dich kapitulieren lässt: Sind es nicht gerade die Frauen gewesen, die so lange gekämpft haben, um die Unabhängigkeit zu erlangen, um ihre Qualitäten unter Beweis zu stellen, um nicht weiterhin als Objekte behandelt zu werden, nützlich nur als Fortpflanzungmaschinen und zum Vergnügen?

Und versteht Julia tatsächlich in keiner Weise die perverse und absurde Arroganz Carmelos, sie zu einem Lustobjekt zu erniedrigen? Und versteht Julia tatsächlich in keiner Weise die Abscheulichkeit und Widerlichkeit drei Stunden am Tag mit einem Typen zu verbringen, der die ganze Zeit schweigt und jede Gelegenheit nutzt, um sie herumzukriegen?

Vielleicht irrte ich mich, vielleicht war sie doch nicht die besondere Person, von der ich glaubte, sie endlich gefunden zu haben, sondern nur ein hübsches Mädchen, die jedoch einen großen Einfluss auf mich ausübte. Sie hatte nichts, worauf sie stolz sein konnte, da alles aus meiner Zerbrechlichkeit entsprang.

20 novembre

Erano cinque giorni che non vedevo più Julia.

Il primo venerdì di novembre, Carmelo, che aveva appena terminato gli studi di giurisprudenza, organizzò una festa d'addio.

Al termine della serata sarebbe partito per Barcellona, per iniziare a lavorare accanto al padre.

Io fui il primo a giungere al party. Carmelo mi chiese di aiutarlo nei preparativi.

Fu un po' difficile trovare il suo monolocale, in quanto sito nella periferia di Perugia.

Mi ricevette a petto scoperto in procinto di farsi una doccia. A dargli una mano c'erano tre sue vicine. Non così carine, ma simpatiche, forse. Non lo so. Erano molto impegnate a baciarsi coi rispettivi ragazzi che non ebbi la possibilità di dialogare con loro.

"Marco, hai ancora il numero di telefono di Eva, la tua amica polacca? Voglio provarci con lei"

"E con Julia?"

"Pensa troppo al suo ragazzo. Non c'è più niente da fare. IO VOGLIO SCOPARE. Dai, su, dammi questo numero di telefono …"

"Senti, Carmelo, MI SONO INNAMORATO DI JULIA, stasera le rivelerò i miei sentimenti"

"Dai, su, Marco, dammi questo numero di telefono. Viene anche un'altra ragazza tedesca, Silvia, che ho conosciuto durante il mio periodo Erasmus a Madrid. Bisogna provarci con tutte: le donne sono come le caramelle, vanno assaggiate una dopo l'altra".

La musica della serata era latino-americana e a parte un forte-ma-breve temporale, il tempo era piacevole.

20. November

Seit fünf Tagen habe ich Julia nicht mehr gesehen.
Am ersten Freitag im November gab Carmelo, der gerade sein Jurastudium abgeschlossen hatte, sein Abschiedsfest.
Am Ende des Abends würde er dann nach Barcellona abreisen, um an der Seite seines Vaters zu arbeiten.
Ich war der erste Gast, der bei der Party ankam. Carmelo bat mich, ihm bei den Vorbereitungen zu helfen.
Es war etwas schwierig, seine Einzimmerwohnung zu finden, da sie sich in der Peripherie der Stadt befand.
Er empfing mich mit bloßer Brust, da er gerade duschen gehen wollte. Drei Nachbarinnen waren ihm bei seinen Vorbereitungen für die Party zur Hand gegangen. Nicht so hübsch, aber vielleicht sympathisch. Keine Ahnung. Sie waren zu sehr damit beschäftigt, ihre Freunde zu küssen, so dass ich keine Gelegenheit hatte, mich mit ihnen zu unterhalten.
„Marco, hast du noch die Nummer von Eva, deiner polnischen Freundin? Ich möchte es bei ihr versuchen."
„Und mit Julia?"
„Die denkt zu sehr an ihren Freund zuhause. Da kann man nichts mehr tun. ICH WILL FICKEN. Los, gib mir die Telefonnummer..."
„Hör zu, Carmelo, ICH HABE MICH IN JULIA VERLIEBT; heute abend werde ich ihr meine Gefühle offenbaren."
„Los, Marco, gib mir die Telefonnummer. Es kommt auch ein anderes deutsches Mädchen, Silvia, die ich in Madrid während meines Erasmusaufenthaltes kennen gelernt habe. Man muss es mit allen versuchen: Frauen sind wie Bonbons, man muss sie alle mal probieren, eine nach der anderen."
Er ließ den ganzen Abend latein-amerikanische Musik laufen und von einem heftigen, aber kurzen Gewitter abgesehen, war das Wetter angenehm.

E mentre Carmelo faceva la doccia, pregai le ragazze di firmare una cartolina di augurio per il neo laureato, su cui c'era scritto in dialetto siciliano:

- ORA CA TUORNI A BARCELLONA NUN TI SCURDARI DI PRUVARICI CU TUTTI I FIMMINI

Quando giunse Silvia non ci misi molto a socializzare, era simpaticissima e conosceva perfettamente i passi della salsa.
"Marco, se vuoi conquistare le donne devi saper ballare"
"Ma tu, Silvia, dopo ritorni in Germania?"
"No, io sono ancora studentessa Erasmus a Madrid fino a Febbraio. Studio giurisprudenza. Dopo la festa io e Carmelo andiamo a Roma da una mia amica e poi volerò per la Spagna".
Nel mentre squilla il cellulare di Carmelo. E' Julia. Va a prenderla con la macchina.
Inizio a tremare.
Mi piace.
Provo dei sentimenti molto forti e sto in imbarazzo.
Mi mangio le unghie e sbatto i piedi per terra.
Arriverà?
Certo.
E faccio finta di niente.
Celo le mie emozioni, sfoggiando maniere da latin-lover con Silvia:
"Posso baciarti?"
"Eeeeeeeeee, no. Non mi fido"
"Perché?"
"Sei italiano"
"E allora?"

Und während Carmelo duschte, bat ich die Mädchen eine Glückwunschkarte für den frisch Diplomierten zu unterschreiben, auf der in sizilianischem Dialekt geschrieben stand:

– **ORA CA TUORNI A BARCELLONA NUN TI SCURDARI DI PRUVARICI CU TUTTI I FIMMINI** [6]

Als Silvia ankam, brauchten wir nicht lange, um miteinander warm zu werden. Sie war sehr sympathisch und konnte perfekt Salsa tanzen.
„Marco, wenn du Frauen erobern willst, musst du tanzen können."
„Und, Silvia, kehrst du danach nach Deutschland zurück?"
„Nein, ich bin bis Ende Februar immer noch Erasmus-Studentin in Madrid. Ich studiere Jura. Nach der Party fahren Carmelo und ich nach Rom zu einer Freundin, und dann fliege ich nach Spanien zurück."
Währenddessen klingelt Carmelos Handy. Es ist Julia. Er holt sie mit dem Auto ab.
Ich beginne zu zittern.
Sie gefällt mir.
Ich habe starke Gefühle in mir und bin verlegen.
Ich kaue an den Fingernägeln und tippe nervös mit den Füßen auf den Boden.
Wird sie kommen?
Sicher.
Ich tue so, als wenn nichts wäre.
Ich verstecke meine Gefühle, indem ich ein Latin-Lover-Verhalten an den Tag lege.
„Kann ich dich küssen?"
„Äh, nein. Ich vertraue dir nicht."
„Warum?"
„Du bist Italiener."
„Ja, und?"

"Hai ragione, non solo gli italiani, tutti gli uomini sono porci"
Il monolocale è oramai affollato.
La luce è vacua e la musica ad alto volume.
E mi metto in disparte, per cercare di carpire le persone attraverso la loro fisionomia.
Una mano si poggia sulla mia spalla ed una voce familiare distrugge ogni mio proposito.
"Marco, io e te dobbiamo parlare; tu non mi hai cercato per cinque giorni, sono preoccupata. Sei arrabbiato con me?"
"Juliaaa, cosa dici?
Non ho niente contro di te. Sono stato impegnato"
"Dici la verità? Non ti credo. Ti prego, dimmi la verità.
TU SEI ORAMAI L'UNICO AMICO CHE HO A PERUGIA"
La fisso negli occhi per rassicurarla e ci riesco. La lascio un momento per prendere un bicchiere di vino e la ritrovo accerchiata da tre-quattro uomini.
Julia è così bella, che viene sempre infastidita. Credo che qualsiasi tedesca conosca molto bene come sia difficile per una carina ragazza straniera, rimanere da sola anche per cinque minuti in Italia.
Comunque un ragazzo a me sconosciuto la invita a ballare
– Je vous en prie, dico io
E io e Julia balliamo, stretti stretti .
"Hai il tanga stasera?"
"Marcoooooo"
"A me non piace molto, preferisco una bella mutandina bianca con raffigurato un orsacchiotto che dice – hallo!!!"
"Ah, Ah, Ah, SE NON CI FOSSI TU A FARMI RIDERE, non so come farei. SEI IL MIO MIGLIORE AMICO qui a Perugia"
Accendo una sigaretta e canto:

„Du hast recht, nicht nur die Italiener, alle Männer sind Schweine."
Die Einzimmerwohnung ist nun voll.
Das Licht ist gedimmt und die Musik auf höchster Lautstärke.
Ich halte mich abseits, um die Leute an ihrer Physiognomie zu erkennen. Eine Hand legt sich auf meine Schulter, und eine bekannte Stimme zerstört mein Vorhaben.
„Marco, du und ich, wir müssen uns unterhalten. Du hast dich seit fünf Tagen nicht gemeldet. Ich bin besorgt. Bist du sauer auf mich?"
„Juliaaa, was sagst du?
Ich habe nichts gegen dich. Ich bin nur beschäftigt gewesen."
„Sagst du die Wahrheit? Ich glaube dir nicht. Ich bitte dich, sag' mir die Wahrheit.
DU BIST JETZT DER EINZIGE FREUND, DEN ICH IN PERUGIA HABE"
Ich schaue ihr in die Augen, um sie zu beruhigen und schaffe es. Ich lasse ihr einen Augenblick, damit sie sich ein Glas Wein holen kann und finde sie, eingekreist von drei, vier Männern, wieder.
Julia ist so schön, dass sie immer belästigt wird. Ich glaube, jede Deutsche weiß sehr genau, wie schwierig es für eine hübsche Ausländerin ist, fünf Minuten in Italien allein zu bleiben.
Wie auch immer, ein mir unbekannter Typ fordert sie zum Tanzen auf.
„Je vous en prie," sage ich.
Und ich und Julia tanzen hauteng.
„Trägst du heute einen Tanga?"
„Marcooooooo"
„Ich mag die nicht sehr. Ich mag eine hübsche, weiße Unterhose mit einem Bärchen, das ‚Hallo' sagt, viel lieber."
„Ha, ha, ha, WENN DU MICH NICHT ZUM LACHEN BRINGEN WÜRDEST, ich wüsste nicht, was ich machen sollte. DU BIST MEIN BESTER FREUND hier in Perugia."
Ich zünde mir eine Zigarette an und singe:

"Prima che finisca questa sigaretta,
tu mi dirai di sì
oppure forse no,
non avere fretta,
c'è tanto tempo ancor,
il tempo di una sigaretta…"[3]

Lei sorride e i suoi occhi blu mi danno il coraggio di esprimerle i miei sentimenti.
"JULIA, IO TI AMO"
"Non ti credo hai bevuto molto vino"
"Non sono ubriaco e tu lo sai"
"Senti, Marco, io ho bisogno di tempo per dimenticare il mio ragazzo. Dovete decidere tu e Carmelo, se volete attendere. PER IL MOMENTO NON FARO' SESSO NE' CON TE' NE' CON LUI.
Marco io starò qui ancora per otto mesi.
Capisci?
Otto mesi, OTTO MESI!!!
Non voglio rovinare la nostra amicizia.
HO BISOGNO DI TE FINO A LUGLIO.
E so per esperienza che IL SESSO ROVINA TUTTO"
"Usciamo insieme questo fine settimana ?"
"Certo ma scusami, voglio prendere anch'io un bicchiere di vino. Un minuto solo"
Il tempo passa e lei non torna.
La noia mi assale.
Mi alzo dal letto ed esco nel giardino del monolocale e noto Julia, che abbraccia passionalmente Carmelo.
Deluso decido di ricoricarmi.
"Marco, cosa hai?"
"Julia cosa facciamo questo fine settimana?"

„Prima che finisca questa sigaretta,
tu mi dirai di sì
oppure forse no,
non avere fretta,
c'è tanto tempo ancor,
il tempo di una sigaretta…“[7]

Sie lächelt und ihre blauen Augen geben mir den Mut, mich ihr zu offenbaren.

„JULIA, ICH LIEBE DICH.”

„Ich glaube dir nicht, du hast zuviel Wein getrunken.“

„Ich bin nicht betrunken, und das weißt du.“

„Hör mal, Marco, ich brauche Zeit, um meinen Freund zu vergessen. Ihr müsst euch entscheiden, du und Carmelo, ob ihr warten wollt.

IM MOMENT WERDE ICH KEINEN SEX HABEN, WEDER MIT DIR NOCH MIT IHM.

Marco, ich bleibe hier noch acht Monate.

Verstehst du das?

Acht Monate, ACHT MONATE!

Ich möchte unsere Freundschaft nicht kaputt machen.

ICH BRAUCHE DICH NOCH BIS ENDE JULI.

Und ich weiß aus Erfahrung, dass SEX ALLES KAPUTT MACHT.“

„Gehen wir dieses Wochenende zusammen aus?“

„Ja klar, aber entschuldige, ich hole mir auch ein Glas Wein. Nur eine Minute.“

Die Zeit vergeht, und sie kommt nicht zurück.

Langeweile steigt in mir hoch.

Ich stehe vom Bett auf und gehe in den Garten der Einzimmerwohnung und bemerke Julia, die Carmelo leidenschaftlich umarmt.

Enttäuscht entschließe ich mich, mich wieder aufs Bett zu legen.

„Marco, was hast du?“

„Julia, was machen wir dieses Wochenende?“

"Questo fine settimana esco con Carmelo. Mi ha detto che non può partire senza avermi mostrato alcuni luoghi bellissimi.
Sei arrabbiato?
Io e te ci vedremo ancora per OTTO MESI. Con Carmelo mai più. e LUI E' TUO AMICO, NO???!!!
E poi non devi credere che io voglia più bene a lui che a te".

„Dieses Wochenende gehe ich mit Carmelo aus. Er hat gesagt, er kann nicht abfahren, ohne mir ein paar wunderschöne Plätze gezeigt zu haben.

Bist du sauer?

Wir werden uns noch für ACHT MONATE sehen. Carmelo sehe ich nach diesem Wochenende nie wieder. Und ER IST DEIN FREUND, ODER???!!!

Außerdem, du darfst nicht glauben, dass ich ihn mehr mag als dich.“

22 novembre

È inutile dire che io, Carmelo e Julia rimanemmo soli, dopo la festa. Ma prima che terminasse, il siciliano ha letteralmente abbandonato Silvia.
Ella dormì in un hotel di Perugia.
Naturalmente Carmelo ridendo e scherzando riferisce a me e a Julia di come aveva anche fatto sesso con Silvia soltanto due giorni prima.
Decidiamo di prendere un cappuccino al Bar Monteluce.
Ore 5.00
Mentre Julia è in bagno Carmelo confessa:
"Stasera Julia mi è sembrata più sciolta del solito, così ho deciso di provarci per altri due giorni. Forse riuscirò a farla cadere…"
Voglio tacere e non rispondere ad un creduto amico, che ha organizzato tutta questa farsa, nonostante gli abbia confidato prima dell'inizio del party d'addio, il mio amore per Julia.
Carmelo mi accompagnò a casa e ritornò al suo monolocale con Julia, che gli aveva promesso di aiutarlo a pulire.
Prima di scendere dalla macchina Julia mi da appuntamento per il lunedì sera.
Ero piuttosto triste e decisi di passeggiare.
Ma il camminare tra i vicoli bui e medievali di Perugia era un cammino a ritroso nei bei momenti che avevo vissuto fino ad allora con Julia.
Il getto d'acqua della fontana, il duomo e un silenzio impenetrabile.
L'aria era fredda e pungente.

22. November

Unnütz zu sagen, dass Carmelo, Julia und ich nach der Party noch eine Weile blieben. Noch bevor das Fest zu Ende war, hatte der Sizilianer Silvia buchstäblich abserviert.
Sie schlief in einem Hotel in Perugia.
Natürlich erzählte uns Carmelo beiden lachend, dass er noch vor zwei Tagen Sex mit Silvia hatte.
Wir entschließen uns, noch einen Cappuccino in der Kaffeebar Monteluce zu trinken.
5:00 Uhr
Während Julia im Bad ist, gesteht Carmelo:
„Heute Abend scheint Julia mir lockerer als sonst, deswegen habe ich beschlossen, es noch für zwei weitere Tage bei ihr zu versuchen. Vielleicht werde ich es schaffen, sie rumzukriegen..."
Ich möchte schweigen und diesem scheinbaren Freund nicht antworten. Er hatte diese ganze Farce organisiert, obwohl ich ihm vor Beginn seiner Abschiedsparty meine Liebe zu Julia gestanden hatte.
Carmelo begleitete mich nach Hause und kehrte dann in seine Einzimmerwohnung mit Julia zurück, die ihm versprochen hatte, beim Saubermachen zu helfen.
Bevor ich aus dem Auto aussteige, verabredet sich Julia mit mir für Montagabend.
Ich war ziemlich traurig und entschloss mich, spazieren zu gehen.
Aber der Spaziergang durch die dunklen und mittelalterlichen Gassen Perugias war ein Gang der Erinnerungen an die schönen Momente, die ich bis jetzt mit Julia erlebt hatte.
Das sprudelnde Wasser des Brunnens, der Dom und die undurchdringliche Stille.
Die Luft war kalt und stechend.

Io mi affliggevo e inquietavo, ma ragionando capii che avrei fatto meglio a rassegnarmi a quella situazione assurda.
Era vero?
Non mi restava che attendere.
Julia aveva creduto all'improvviso slancio di generosità di Carmelo, che non poteva partire senza averle mostrato luoghi bellissimi.
Era vero?
Non mi restava che attendere.
Fino ad allora non avevo avuto idea di cosa fosse lo stato d'impotenza, con la sua angoscia furente e i timori ossessivi.
Io purtroppo stavo imparando ad assaggiarlo.
Triste ma vero…
Si prestava ai miei occhi una realtà incredibile.
Sto tentando di descrivere una sensazione di un momento preciso della mia vita, inserito in un preciso contesto.
È possibile trasmetterla a qualcun altro?
Non mi restava che attendere, in uno stato d'impotenza e vedere cosa sarebbe accaduto.

Ich war betrübt und beunruhigt, aber als ich darüber nachdachte, verstand ich, dass ich mich am Besten mit dieser absurden Situation abfinden sollte.
War das alles wahr?
Mir blieb nichts anderes übrig als abzuwarten.
Julia hatte dem plötzlichen Anfall von Großherzigkeit Carmelos geglaubt, der nicht abreisen konnte, ohne ihr noch wunderschöne Orte gezeigt zu haben.
War das alles wahr?
Mir bleib nichts anderes übrig als abzuwarten.
Bis jetzt hatte ich keine Idee davon, wie der Zustand der Machtlosigkeit sei mit der rasenden Furcht und den zwanghaften Ängsten.
Ich war leider dabei, ihn zu erleben.
Traurig, aber wahr...
Vor meinen Augen eröffnete sich eine unglaubliche Realität.
Ich versuche, das Gefühl eines bestimmten Moments meines Lebens in einen genauen Zusammenhang eingebettet zu beschreiben.
Ist es möglich, es einer anderen Person zu vermitteln?
Mir blieb nichts anders übrig, als in einem Zustand der Machtlosigkeit abzuwarten und zu sehen, was geschehen würde.

23 novembre

Lunedì.
22.30
Immaginatevi una bella ragazza col volto sorridente che vi viene incontro, il passo leggiadro e le forme sensuali, vi bacia e allegramente vi prende sottobraccio per recarsi a casa vostra.
Immaginatevi di aver aspettato due giorni per continuare quel piccolo discorso sull'amore che provate per lei.
Credo qualcosa del genere non la si possa descrivere, né scrivere, la si può sentire sulla propria pelle, quando la si vive.
Julia, una bella ragazza dal volto sorridente, mi viene incontro, il passo leggiadro e forme sensuali, mi bacia allegramente, mi prende sottobraccio, per recarsi a casa mia.
"Eeeeeeeeee, ciaaooooo, Marco, come stai?"
Pioveva quella sera, e bagnati ci ritrovammo nel mio monolocale.
Inizio a dire molte sciocchezze.
Così per iniziare.
E lei è incredibilmente cordiale e mi illudo di poter giocare il gioco dell'amore.
"Sai, Marco, ho veramente una memoria corta, prendo sempre appuntamenti, dimenticando di averne altri. Mi dispiace ma non posso restare con te stasera, Carmelo ha deciso di rimanere un giorno in più"
Il mio sguardo e il mio cuore diventano di ghiaccio.
"Sei arrabbiato? Perché, non capisco, eppure CARMELO E' UN TUO AMICO!
O non è così?

23. November

Montag.
22:30 Uhr
Stellt euch vor, ein schönes Mädchen kommt lächelnd mit anmutigem Schritt und sinnlichen Formen auf euch zu, küsst euch und hakt sich fröhlich bei euch ein, um sich mit euch nach Hause zu begeben. Stellt euch vor, ihr hättet zwei volle Tage gewartet, um das kleine Gespräch über die Liebe fortzusetzen, die ihr für sie empfindet.
Ich glaube, dass es nicht möglich ist, etwas dieser Art zu beschreiben oder aufzuschreiben; man kann so etwas nur am eigenen Leib erfahren, wenn man diese Erfahrung erlebt.
Julia, ein schönes Mädchen, kommt lächelnd auf mich zu mit anmutigem Schritt und sinnlichen Formen, küsst mich fröhlich, hakt sich bei mir ein, um sich mit mir nach Hause zu begeben.
„Heyyyyy, hallooooo, Marco, wie geht es dir?“
Es regnet an jenem Abend, und nass befinden wir uns in meiner Einzimmerwohnung.
Ich beginne, Blödsinn zu reden.
Soviel zum Anfang.
Und sie ist unglaublich herzlich und ich bilde mir ein, das Spiel der Liebe spielen zu können.
„Weißt du was, Marco, ich habe ein Gedächtnis wie ein Sieb. Ich gehe immer auf Verabredungen ein und vergesse, dass ich schon andere habe. Es tut mir leid, aber ich kann den Abend nicht mit dir verbringen. Carmelo hat sich entschlossen, einen Tag länger zu bleiben.“
Mein Blick und mein Herz werden zu Eis.
„Bist du sauer? Was soll das, ich verstehe dich nicht, aber CARMELO IST DOCH DEIN FREUND!
Oder etwa nicht?

Questo è sicuramente l'ultimo giorno che rimarrà a Perugia. E mi ha invitato a cenare a casa sua"
Sono muto, non riesco a parlare. Credo di morire. Non avrei mai pensato, che qualcosa del genere sarebbe potuta accadere.
Silenzio.
Lei va via.
"Marco, ci incontriamo per caso all'università".
Mi sento soffocare e capisco che non debbo permettere che uno STRONZO COME CARMELO, mi faccia del male così.
DEBBO PARLARE CON JULIA.
Esco.
Piove a dirotto.
In due minuti sono bagnatissimo.
Lei è davanti l'Università per Stranieri, che aspetta Carmelo.
Faccio finta di non vederla, vado verso l'Arco Etrusco, mi volto e la raggiungo. Ci baciamo sulle labbra e le do appuntamento a mensa per una spiegazione.
Nel mentre ecco Carmelo con la macchina:
"*Marcoooooooo , eilaaaaaaaa….*"
Avrei voluto tanto che ciò che è accaduto fosse stato un incubo. Avrei voluto tanto, che ciò che è accaduto, fosse stato un tiro mancino del celebre Puck.
Avrei voluto tanto.
Ma era tutto vero e non riuscivo a prender sonno.
Come trascorrere il tempo?
Cosa fare per non pensare?
Esco di nuovo.
Non piove più.
Ore 4.50, Corso Garibaldi

Das ist definitiv der letzte Tag, den er in Perugia verbringen wird. Und er hat mich eingeladen, bei ihm zu Hause zu Abend zu essen."

Ich bin stumm. Ich schaffe es nicht, etwas zu sagen. Ich glaube, ich sterbe. Ich hätte niemals geglaubt, dass mir so etwas hätte passieren können.

Stille.

Sie geht weg.

„Marco, wir treffen uns dann irgendwann in der Uni."

Ich ersticke und begreife, dass ich es nicht zulassen darf, dass ein ARSCHLOCH WIE CARMELO mich so verletzt.

ICH MUSS MIT JULIA SPRECHEN.

Ich verlasse das Haus.

Es regnet in Strömen.

In zwei Minuten bin ich bis auf die Haut nass.

Sie steht vor der Ausländeruniversität und wartet auf Carmelo. Ich tue so, als sähe ich sie nicht, gehe die Straße weiter hinunter zum *Arco Etrusco*, kehre um, und erreiche sie. Wir küssen uns auf den Mund, und ich verabrede mich mit ihr in der Mensa für eine Erklärung.

Währenddessen kommt Carmelo mit dem Auto.

„Marcoooooooo , eilaaaaaaaa...!"

Wie gerne hätte ich, dass alles, was geschehen ist, nur ein Albtraum wäre. Wie gerne hätte ich, dass alles, was geschehen ist, nur ein Streich des berühmten Puck wäre.

Wie gerne hätte ich es.

Aber es war alles Wirklichkeit und es gelang mir nicht, Schlaf zu finden.

Wie die Zeit herumbringen?

Was tun, um nicht zu denken?

Ich verlasse das Haus aufs Neue.

Es regnet nicht mehr.

4:50 Uhr: *Corso Garibaldi*

Ore 5.10, Bar Monteluce: studenti che si sono dati alla pazza gioia notturna sono lì per un cappuccino e pasta calda.
Ore 7.00, sono a letto.
Buio.
La stanchezza s'impossessa di me.

5:10 Uhr: *Bar Monteluce*: Studenten, die sich den nächtlichen Freuden wie die Wahnsinnigen hingegeben haben, sind dort auf einen Cappuccino und ein Stück heißes Gebäck.
7:00: Ich bin im Bett.
Dunkelheit.
Die Müdigkeit ergreift Besitz von mir.

24 novembre

Nuoto nell'azzurro oceano dei tuoi occhi
da cui attingo ricordi ingioiellati
da attimi incontaminati
balsamo giovanile per la mia futura vecchiaia

Le chiedo: "Cosa fai stasera?"
Risponde: "Ancora non lo so".
E dopo un paio di minuti esce con un altro uomo.

E io trascorro tutta la notte a chiedermi dove posso aver sbagliato.

Anche questo è amore.

24. November

Ich schwimme im blauen Ozean deiner Augen
Von dem bekomme ich Erinnerungen geschmückt
Mit makellosen Augenblicken
Jugendlicher Balsam für mein Alter

Ich frage sie: „Was machst du heute Abend?"
Sie antwortet: „Ich weiß noch nicht"
Und nach ein paar Minuten geht sie mit einem anderen Mann aus

Und ich verbringe die ganze Nacht damit, mich zu fragen, wo ich geirrt habe

Auch das ist „Liebe"

25 novembre

Roma.
La camera è illuminata debolmente ed una atmosfera di attesa pervade le quattro pareti.
Giacomo, uno studente di bell'aspetto prepara la valigia.
I dipinti che tappezzano la stanza, urlano le sue doti di artista.
Egli era salito apposta dal suo piccolo paesino del sud Italia per incontrare Valerie, la sua amante francese.
Valerie, una stupenda ragazza, abitava esattamente a Parigi.
Si erano conosciuti ad una festa.
L'affascinante volto mediterraneo di questo ingenuo e provinciale ragazzo le apparve all'improvviso, inondandola d'immaginazione:
Una tempesta di passioni si era scatenata nel suo cuore.
"C'era una volta", così iniziano le favole.
"C'era una volta Venezia e due amanti su una gondola, l'ebbrezza del vento li avvolgeva, etc., etc…", così fantasticavano Valerie e Giacomo all'unisono e decisero di realizzare la loro favola, trascorrendo il capodanno a Venezia.
La valigia piena più di sogni, che di cose utili per il viaggio era oramai pronta.
L'atmosfera di attesa si era appesantita e il telefono, che avrebbe dovuto già squillare da due ore era rimasto in silenzio.
La voce di Valerie, che avrebbe dovuto informare Giacomo del luogo e dell'ora d'incontro nella città lagunare non si era ancora fatta sentire.
Il tempo passò velocemente e le lancette dell'orologio annunciarono le 23.30 del 31 dicembre 1995.

25. November

Rom.
Das Zimmer ist schwach beleuchtet, und eine erwartungsvolle Stimmung erfüllt die vier Wände.
Giacomo, ein gut aussehender Student, packt seine Koffer.
Die Gemälde, die die Wände des Zimmers schmücken, schreien seine künstlerische Begabung heraus.
Er war extra aus seinem kleinen Dorf in Süditalien hochgefahren, um Valerie, seine französische Freundin, zu treffen.
Valerie, ein umwerfendes Mädchen, wohnte direkt in Paris.
Sie hatten sich auf einem Fest kennen gelernt.
Das faszinierende mediterrane Gesicht dieses naiven jungen Mannes aus der Provinz tauchte plötzlich auf und überschwemmte sie mit Phantasien.
Ein Sturm der Leidenschaften brach in ihrem Herzen los.
„Es war einmal," so beginnen Märchen.
„Es war einmal Venedig und zwei Liebende in einer Gondel, das Rauschen des Windes umhüllte sie, etc., etc…", so fantasierten Valerie und Giacomo zusammen und entschieden, ihre Phantasie zu verwirklichen, indem sie Silvester in Venedig verbringen.
Der Koffer, gefüllt eher mit Träumen als mit nützlichen Dingen für die Reise, war nun gepackt.
Die erwartungsvolle Stimmung war schwerer geworden und das Telefon, welches schon vor zwei Stunden hätte klingeln sollen, war immer noch still.
Die Stimme Valeries, die Giacomo Ort und Zeit ihres Treffens in der Lagunenstadt hätte mitteilen sollen, hatte noch nicht von sich hören lassen.
Die Zeit verging schnell und die Zeiger der Uhr zeigten, dass es 23:30 Uhr des 31.Dezembers 1995 war.

Non c'era più nulla da fare, decise di partire col treno per Venezia S.Lucia via Terontola, Fi.SMN, Bologna, con l'assurda speranza di incontrarla per caso.
A Venezia Giacomo capì e decise di abbandonare nella laguna l'amore per Valerie e la favola che avrebbe dovuto vivere con lei e anche il dolore, prima diretta conseguenza della sua scelta, non lo seguì nel primo treno, che prese per Roma.

IL PRINCIPE AVEVA POSATO LA TESTA SULLE GAMBE DELLA PRINCIPESSA MENTRE CON LE MANI LE ACCAREZZAVA IL CAPO, BACIAMI, MIA BELLA PRINCIPESSA O STANOTTE MORIRÒ

Nel treno, Giacomo si ritrovò per caso disteso col capo sulle gambe di una giovane e affascinante tedesca, anche lei sola, anche lei attratta dall'altrettanto affascinante, ingenuo e provinciale ragazzo.
La sua mano destra stringeva quella di lei, mentre le sue labbra, le chiedevano un caldo bacio .
Giacomo era romantico e credeva nelle favole, in un epoca come la nostra, così materiale, e gli occhi verdi della tedesca elevarono il suo spirito poetico:
stanotte, amore, passeggerò tra il verde dei tuoi occhi,
respirerò i tuoi sospiri,
berrò i tuoi discorsi,
e mi abbandonerò ai tuoi teneri abbracci.
"Vuoi scoparmi?", chiese la principessa tedesca, dopo la poesia.
"Si", rispose il principe italiano.
E nonostante parecchie persone li osservavano, Giacomo le diede un bacio lascivo.

Es gab nichts, was er noch hätte tun können. Er entschloss sich, mit dem Zug nach Venezia Santa Lucia zu fahren, über Terontola, Firenze Santa Maria Novella und Bologna mit der absurden Hoffnung, sie durch Zufall zu treffen.
In Venedig verstand Giacomo. Er entschloss sich, noch in der Lagune, seine Liebe zu Valerie aufzugeben und auch das Märchen, das er mit ihr hätte leben sollen und auch den Schmerz, die erste direkte Konsequenz seiner Wahl, der ihm nicht in den ersten Zug nach Rom folgte, den er nahm.

DER PRINZ HATTE SEINEN KOPF AUF DIE BEINE DER PRINZESSIN GELEGT, WÄHREND SIE MIT DEN HÄNDEN SEINEN KOPF STREICHELTE; KÜSS MICH, MEINE SCHÖNE PRINZESSIN, ODER ICH WERDE DIESE NACHT STERBEN

Im Zug fand Giacomo zufällig seinen Kopf in den Schoß einer jungen und faszinierenden Deutschen gelegt, auch sie allein, auch sie gleichfalls angezogen vom faszinierenden, naiven Jungen aus der Provinz.
Seine rechte Hand drückte die ihre, während seine Lippen sie nach einem warmen Kuss fragten.
Giacomo war romantisch und glaubte an Märchen, selbst in einer Zeit wie der unseren, so materiellen, und die grünen Augen der Deutschen erweckten seine poetische Ader:
heute Nacht, meine Liebe, werde ich durchs Grün deiner Augen spazieren,
deine Seufzer atmen,
deine Gespräche trinken,
und mich in deinen zarten Umarmungen verlieren.
„Willst du mich ficken?“, fragte die deutsche Prinzessin nach dem Gedicht.
„Ja“, antwortete der italienische Prinz.
Und obwohl sie zahlreiche Personen beobachteten, gab Giacomo ihr einen leidenschaftlichen Kuss.

Il volto di lei divenne rosso, ma le piacque così tanto che acconsentì ad appartarsi, lontano da sguardi curiosi, in uno scompartimento vuoto.
Spenta la fiamma del desiderio, continuò a coccolarla e lei gli disse che era un bambino e gli fece piacere.
Giunto a Roma le diede un ultimo bacio e le regalò il crocifisso di legno, che portava al collo, come ricordo.
Non era forse stata la favola, che Giacomo si aspettava, ma sicuramente la notte di una giornata strana e diversa dalle altre.
E' proprio così, ogni tanto o forse quasi sempre, i nostri sogni cozzano contro la dura e truce realtà quotidiana.
O forse è il caso di dirlo, la realtà è diversa da come ce la immaginiamo.

Sie lief rot an, doch es gefiel ihr so sehr, dass sie einwilligte, sich zurückzuziehen, fern von den neugierigen Blicken, in ein leeres Abteil.
Als die Flamme des Verlangens verloschen war, streichelte er sie weiter und sie nannte ihn ein Kind, was ihm gefiel.
Als sie in Rom angekommen waren, gab er ihr einen letzten Kuss und schenkte ihr das hölzerne Kruzifix, das er um den Hals trug, als Erinnerung.
Es war vielleicht nicht das Märchen gewesen, das Giacomo erwartet hatte, aber mit Sicherheit die Nacht eines seltsamen Tages, der anders war als alle anderen.
Es ist tatsächlich so, hin und wieder – oder vielleicht fast immer – stoßen unsere Träume gegen die harte und grausame Wirklichkeit.
Oder vielleicht sollte man sagen, die Wirklichkeit ist anders als wir sie uns vorstellen.

26 novembre

Non era certamente un incontro felice quello in mensa, dopo una settimana che non l'avevamo frequentata.
Mangiamo senza conversare e poi ci rechiamo alla caffetteria dove Julia mi racconta del cielo pieno si stelle che ha visto con Carmelo:
Romanticissimo!!!
Questa è una pugnalata nel cuore e il mio viso si oscura dal dolore.
Sono triste.
Ci rechiamo nel mio monolocale.
"E' difficile, Julia, e devo cercare di esprimermi nel modo giusto, senza dar luogo a fraintendimenti…"
E molto abilmente nella prima parte del discorso, le faccio comprendere com'era sbagliato che ad ogni incontro Carmelo cercasse di fare sesso con lei;
"Una prima volta può andar bene, una seconda anche ma poi si esagera. Siamo esseri umani, non soltanto degli animali. Spero che ti sia resa conto che con il tuo comportamento più libero del solito con Carmelo, durante il party, gli hai dato modo di pensare di poter fare qualcosa con te ed è per questo che Silvia ha dormito in un hotel…"
"No, Marco, Silvia doveva tornare a Madrid la mattina seguente e…"
La interrompo e le svelo la verità:
"Silvia e Carmelo avevano già stabilito di andare insieme a Roma dopo la festa, me l'hanno detto entrambi"
"Ma Carmelo mi ha confidato…"

26. November

Mit Sicherheit war es kein schönes Treffen in der Mensa, nachdem wir uns eine Woche nicht gesehen hatten.
Wir essen, ohne zu sprechen, und dann gehen wir in die Cafeteria, wo Julia mir vom sternenklaren Himmel erzählt, den sie mit Carmelo gesehen hat:
Wie romantisch!!!
Das ist ein Dolchstoß in mein Herz, und mein Gesicht verdunkelt sich vor Schmerz.
Ich bin traurig.
Wir gingen in meine Einzimmerwohnung.
„Es ist schwierig für mich, Julia, und ich muss versuchen, mich richtig auszudrücken, damit keine Missverständnisse aufkommen…"
Und sehr geschickt versuchte ich ihr im ersten Teil unseres Gesprächs zu verstehen zu geben, wie falsch es war, dass Carmelo bei jedem Treffen versucht hat, sie ins Bett zu kriegen.
„Einmal kann man es ja verstehen, beim zweiten Mal vielleicht auch noch, aber danach übertreibt man. Wir sind Menschen und keine Tiere. Ich hoffe, dir ist aufgefallen, dass dein Verhalten auf der Party, welches freizügiger Carmelo gegenüber war als sonst, ihn auf den Gedanke gebracht hat, dass mit dir etwas passieren kann und dass deswegen Silvia in einem Hotel geschlafen hat…"
„Nein, Marco, Silvia musste am folgenden Morgen nach Madrid zurückkehren und…"
Ich unterbrach sie und enthüllte ihr die Wahrheit:
„Silvia und Carmelo hatten schon lange vorher abgemacht, nach dem Fest zusammen nach Rom zu fahren. Das haben mir beide gesagt."
„Aber Carmelo hat mir anvertraut, dass..."

"Carmelo ha mentito per tutta la serata e non credo che non te ne sia accorta"
E a bocca aperta, vengo a sapere, che il siciliano le aveva dato a credere di essersi innamorato di lei.
Ma innamorati lo siamo stati tutti e tutti sappiamo, che se il sentimento è vero, almeno all'inizio, non si riesce ad avere sesso con nessun altro e Carmelo ebbe sesso con Silvia.
"Non ti è sembrato strano: lui fa un party d'addio e poi decide di rimanere altri due giorni solo per mostrare a te luoghi bellissimi della Toscana? E sapeva anche che ti avrei dichiarato il mio amore"
Julia è turbata dalle mie rivelazioni e rimane in silenzio.
E anche sapendo di farle del male, ma era giusto così, le ripetei le parole dettemi da Carmelo al Bar Monteluce mentre Julia era al bagno:
"Marco, stasera Julia mi è sembrata più sciolta del solito, così ho deciso di provarci per altri due giorni. FORSE RIUSCIRO' A FARLA CADERE…"
Lei comincia a piangere e io tento di consolarla.
"Dai, alla fin fine non è successo niente"
E singhiozzando, balbetta:
"No, è successo invece. MI SONO BACIATA CON CARMELO".

„Carmelo hat dich den ganzen Abend belogen, und ich kann einfach nicht glauben, dass du das nicht bemerkt hast."
Und mit offenen Mund erfuhr ich, dass der Sizilianer sie hatte glauben lassen, dass er in sie verliebt sei.
Wir alle waren schon verliebt und wir alle wissen, dass man – sofern es sich um wahre Liebe handelt – wenigsten am Anfang es nicht schafft, mit jemand anderen ins Bett zu gehen, und Carmelo hatte Sex mit Silvia.
„Ist dir das nicht komisch vorgekommen? Er organisiert eine große Abschiedsparty und beschließt dann, doch noch weitere zwei Tage zu bleiben, nur um dir ein paar wunderschöne Plätze in der Toskana zu zeigen? Und er wusste auch, dass ich dir meine Liebe gestehen würde."
Julia war durch meine Enthüllungen bestürzt und schwieg. Und obwohl ich wusste, dass ich ihr wehtat, aber dass es so richtig war, wiederholte ich ihr, was mir Carmelo in der Bar Monteluce gesagt hatte, währende Julia auf der Toilette war:
„Marco, heute Abend scheint Julia mir lockerer als sonst, deswegen habe ich beschlossen, es noch für zwei weitere Tage bei ihr zu versuchen. VIELLEICHT WERDE ICH ES SCHAFFEN, SIE HERUMZUKRIEGEN..."
Sie beginnt zu weinen und ich versuche sie zu trösten.
„Komm schon, es ist ja nichts passiert."
Und schluchzend stottert sie:
„Doch, es ist passiert. CARMELO UND ICH, WIR HABEN UNS GEKÜSST."

27 novembre

"Meinst du jetzt, dass ich eine Schlampe bin"[4], mi chiese Julia dopo aver pianto.
Io non ho pensieri, dovrei essere adirato selvaggiamente ed invece mi viene naturale confortarla.
Riflettendoci bene è veramente assurdo:
consolavo una ragazza che mi aveva fatto del male.
Una ragazza che mi aveva lasciato da solo ad un appuntamento per andare a baciare un mio amico.
I giorni seguenti li trascorremmo uno abbracciato all'altro e dopo due mesi dalla nostra conoscenza, Julia finalmente uscì con me anche di sera.
Ogni discorso era incentrato su come fargliela pagare a Carmelo.
"Marco, forse dovrei chiedergli un appuntamento in un luogo sperduto e poi farmi trovare col mio ragazzo e lasciarlo dormire da solo in un albergo, se lo trova!!! Ma dovrei raccontare tutto a Theodor e non voglio".
E progettiamo di affittare un appartamento insieme e di viaggiare ed esplorare l'intera Italia.
"Così per curiosità, come ti ha convinto a baciarlo?"
"Io gli ho chiesto, se avessi potuto andarlo a trovare in Sicilia. E lui mi ha risposto di sì, ma non come amica e così abbiamo iniziato a baciarci. Eravamo distesi sul letto che è a due piazze, ricordi? Ma quella sera vi era un solo materasso e ne ho domandato il motivo e lui si è messo a ridere. Che stupida sono stata. E quando eravamo in macchina di ritorno dalla Toscana, mi ha proposto di dormire in albergo, dopo tutti i luoghi romantici, che mi ha mostrato!!! Che stupida SONO STATA UNA STUPIDA!!!"

27. November

„Meinst du jetzt, dass ich eine Schlampe bin?“, fragte mich Julia, nachdem sie sich ausgeweint hatte.
Mein Kopf war leer. Ich müsste rasend wütend sein und dennoch tröstete ich sie spontan.
Beim genauen Überlegen ist es wirklich absurd:
Ich tröstete ein Mädchen, das mir weh getan hatte.
Ein Mädchen, das mich versetzt hatte, um einen Freund von mir zu küssen.
Die folgenden Tage verbrachten wir in einer Umarmung nach der anderen und nach zwei Monaten unserer Bekanntschaft ging Julia auch abends allein mit mir aus.
Jedes Gespräch drehte sich darum, es Carmelo heimzuzahlen.
„Marco, vielleicht sollte ich mich mit ihm einfach an einem einsamen Ort verabreden, treffe mich dann mit meinem Freund und lasse Carmelo dann allein in einem Hotel schlafen, wenn er denn eins findet! Aber ich müsste dann alles Theodor erzählen, und das will ich nicht.“
Wir überlegen, gemeinsam ein Appartement zu mieten und dann zu reisen und ganz Italien zu erkunden.
„Nur aus Neugierde, wie hat er dich eigentlich dazu gebracht, ihn zu küssen?“
„Ich habe ihn gefragt, ob ich ihn mal in Sizilien besuchen könnte. Er hat mit ja geantwortet, aber nicht nur als Bekannte und dann haben wir angefangen, uns zu küssen. Wir lagen auf dem Doppelbett, erinnerst du dich? Aber an dem Abend war nur eine Matratze da. Ich habe gefragt warum, und er hat angefangen zu lachen. Wie dumm ich war. Und als wir im Auto aus der Toskana zurückkamen, hat er vorgeschlagen, dass wir in einem Hotel übernachten nach all den romantischen Orten, die er mir gezeigt hat. Wie dumm. ICH BIN SO DUMM GEWESEN!!!“

Ma dopo un paio di giorni, Julia mi annunciò che Carmelo sarebbe tornato fino alla fine di dicembre per fare pratica in uno studio legale di un suo amico.
"Ha detto che viene solo per me", disse ella soddisfatta.
Paura.
Non voglio più soffrire.
Ho una reazione spontanea e non pensata.
"Voglio fare sesso con te"
"Marco tra di noi non c'è stato niente"
"Non me ne hai dato la possibilità"
"So che il sesso rovina l'amicizia. A me piacevano quegli incontri a mensa"
"Anche a me, ma io sono innamorato di te"
"Non mi starai dicendo di non vedere più Carmelo?"
"No, ma di non fare come prima almeno. Debbo comunque prendere una distanza tra voi due"
"Marco e io come faccio, ma se provi realmente qualcosa per me, posso capirti. Io cercherò sempre di rintracciarti".
Ed è così che mi lasciò da solo, abbandonandomi alla tristezza.

Aber nach ein paar Tagen verkündete mir Julia, dass Carmelo bis Ende Dezember zurückkehren würde, um in der Anwaltskanzlei eines Freundes ein Praktikum zu machen.
„Er hat gesagt, er komme nur wegen mir", sagte Julia zufrieden.
Angst.
Ich will nicht mehr leiden.
Ich reagierte spontan und unbedacht.
„Ich möchte Sex mit dir haben."
„Marco, zwischen uns beiden war nichts."
„Du hast mir nie die Gelegenheit dazu gegeben."
„Ich weiß, dass Sex die beste Freundschaft ruiniert. Ich mag unsere Treffen in der Mensa."
„Ich mag sie auch, aber ich habe mich in dich verliebt."
„Du wirst mir doch nicht sagen, dass ich Carmelo nicht mehr sehen soll?"
„Nein, aber dass du es wenigstens nicht so machst wie vorher. Ich muss jedenfalls zwischen mir und euch beiden einen Abstand schaffen."
„Marco, und was soll ich dann machen? Wenn du wirklich etwas für mich fühlst, kann ich dich verstehen. Ich werde immer versuchen, mit dir in Kontakt zu bleiben."
Und so ließ sie mich wieder allein, in Traurigkeit versinkend.

29 novembre

Cosa avevo di fronte a me?
La verità?
Perché continuarla a vedere?
Era in gioco qualcosa.
La verità?
Erano sincere quelle lacrime da lei versate quando mi ha lasciato da solo ad un appuntamento, per baciare un mio amico?
Un senso di delusione totale accarezzava la mia pelle.
Dopo tutto avrei scoperto di aver lottato per raggiungere qualcosa che non mi sarebbe servita a niente.
Quale utilità ne avrei tratto?
Ma c'era un silenzio, un silenzio assoluto da riempire.
Un silenzio che mi avrebbe ucciso.
Stavo solo cercando di rendere conto a me stesso.
LA VERITA'?
Quella donna dominava la mia vita, controllava le mie emozioni, era al centro dei miei pensieri.

29. November

Was hatte ich vor mir?
Die Wahrheit?
Warum fortfahren, sie zu sehen?
Da war noch etwas Anderes im Spiel.
Die Wahrheit?
Waren jene Tränen echt gewesen, die sie vergossen hatte als sie mich auf unserer Verabredung allein ließ, um einen meiner Freunde zu küssen?
Ein Gefühl der totalen Enttäuschung streichelte meine Haut.
Nach allem würde ich entdecken, dass ich gekämpft hatte, um etwas zu erreichen, was mir zu nichts nütze sein würde.
Aber welchen Nutzen würde ich daraus ziehen?
Es herrschte Stille, eine absolute Stille, die ausgefüllt werden musste.
Eine Stille, die mich noch umbringen würde.
Ich versuchte, mit mir selbst ins Reine zu kommen.
DIE WAHRHEIT?
Diese Frau beherrschte mein Leben, kontrollierte meine Emotionen und stand im Zentrum all meiner Gedanken.

5 dicembre

Decisi così di partire per la Puglia e di trascorrere un paio di giorni in solitudine al mare, ma prima telefonai a Carmelo, raccontandogli tutto e pregandolo di non rivolgermi la parola, se ci fossimo incontrati.
Ne informai Julia, la quale ancora una volta, mi disse al Caffè Morlacchi:
"Marco, sei veramente il mio migliore amico che ho qui. Ho parlato anche col mio ragazzo e lui adesso è consapevole di come tu sia importante per me…"
"Tra un po', Julia, è il mio compleanno"
"Che bello hai intenzione di festeggiare?"
"No, nessuna festa"
"Mi raccomando, non ti deprimere, non ti isolare"
Così dopo un po' di tempo lontano da Perugia, ritornai ed invitai Julia a trascorrere con me, da soli, il mio compleanno.
"Marco io non posso fare molto tardi, domenica sono stata di nuovo in Toscana con Carmelo fino alle 5.00 del mattino…"
"Ma…", erano passati solo pochissimi giorni da quella maledetta sera. Non dico nulla, perché non ho voglia di polemizzare.
E il mercoledì eccoci nel mio monolocale a festeggiare.

Il mio compleanno… di dicembre… 25 anni
Un vino inebriante sotto la luce delle candele.
La stanza è vagamente illuminata.

5. Dezember

So beschloss ich nach Apulien zu fahren, um dort ein paar Tage in der Einsamkeit am Meer zu verbringen. Zuvor jedoch rief ich Carmelo an, berichtete ihm alles und bat ihn, mich nicht mehr anzusprechen, sollten wir uns noch einmal über den Weg laufen.
Ich teilte dies alles auch Julia mit. Im Caffè Morlacchi erklärte sie mir abermals:
„Marco, du bist wirklich der beste Freund, den ich hier habe. Ich habe auch mit meinem Freund gesprochen und er weiß jetzt, wie wichtig du mir bist."
„In Kürze, Julia, habe ich Geburtstag."
„Oh, wie schön. Willst du feiern?"
„Nein, keine Feier."
„Ich bitte dich, sei nicht deprimiert und isoliere dich nicht."
So kehrte ich nach einigen Tagen nach Perugia zurück und lud als erstes Julia ein, mit mir allein meinen Geburtstag zu verbringen.
„Aber ich kann nicht lange bleiben, Marco. Am Sonntag bin ich mit Carmelo wieder in die Toskana gefahren und bis fünf Uhr morgens dort geblieben."
„Aber..." es waren erst wenige Tage seit diesem verfluchten Abend vergangen. Ich schweig, ich habe keine Lust, das Ganze aufzublasen.
Und so waren wir am Mittwoch in meiner Einzimmerwohnung, um zu feiern.

Mein Geburtstag... im Dezember... 25 Jahre alt
Berauschender Wein bei Kerzenlicht.
Das Zimmer ist schwach beleuchtet.

Si sentono le gradevoli e tenere risate di due amici.
Dolci sono le note che provengono dallo stereo;
"I don't know why I love you but I do…"
E allora ci si prende per mano.
E le mie labbra golose si posano velocemente su quelle di lei.
Lei è bellissima, in grigio, lo sguardo raggiante e i capelli che le cascano sulle spalle.
La invito a ballare e stringendole il corpo. Sento il suo profumo, estatica carezza sulla mia pelle.
"Allez venez Milord…"
"Edith Piaf", esclama, ed impone il silenzio, per concentrarsi sui nostri abbracci e la musica.
La fiamma viva dell'amore illumina i nostri volti.

Il mio compleanno…di dicembre…25 anni…

Ci si lascia trasportare.
" There's just another gigolo…", altro motivo che la riempie di romanticismo.
Le mie battute la fanno ridere, è attratta da me.
Ma improvvisamente e per un motivo a me sconosciuto se ne va.
Io la amo, sarebbe potuto esser bello,
ma se ne va e mi lascia solo coi miei pensieri.
SAREBBE VERAMENTE POTUTO ESSER BELLO…

Man hört das angenehme und zarte Lachen zweier Freunde.
Sanft sind die Töne, die aus der Stereoanlage kommen.
„I don't know why I love you but I do…"
Und nun fassen wir uns an den Händen.
Und meine hungrigen Lippen legen sich auf ihre.
Sie ist wunderschön in grau, ihre funkelnden Augen und ihre Haare fallen auf ihre Schultern.
Ich fordere sie zum Tanzen auf und drücke ihren Körper an mich. Ich rieche ihr Parfum, ekstatische Liebkosung auf meiner Haut.
„Allez venez Milord…"
„Edith Piaf", ruft sie aus und fordert Ruhe, um sich auf unsere Umarmungen und die Musik zu konzentrieren.
Die lebende Flamme der Liebe erleuchtet unsere Gesichter.

Mein Geburtstag... im Dezember... 25 Jahre alt.

Wir lassen uns davontragen.
„There' s just another gigolo…", noch ein Motiv, das sie mit romantischen Gefühlen erfüllt.
Ich bringe sie mit meinen Sprüchen zum Lachen, sie fühlt sich von mir angezogen.
Aber plötzlich, und mit einem mir unbekannten Grund, geht sie.
Ich liebe sie, es hätte schön sein können, aber sie geht und lässt mich allein mit meinen Gedanken.
ES HÄTTE WIRKLICH SCHÖN SEIN KÖNNEN…

6 dicembre

Serena non ne poteva più, era rimasta più di un mese senza un ragazzo; solo l'uomo della porta di fronte aveva nutrito qualche interesse per lei: Quel finocchio ritardato di Giovanni !!!
Le cose cominciarono ad andare male alla chiusura della scuola, quando i suoi compagni la lasciarono sola, partendo alla volta di dolci amori nella lunga e indimenticabile estate…
Supponeva che si sarebbe rifatta con gli "stranieri"; avrebbe concesso qualche appuntamento occasionale, avrebbe commesso qualche "sciocchezza", ma niente di serio.
Oramai era giunta allo stremo, faceva sogni erotici, immaginando di arrendersi alle romantiche dichiarazioni o irresistibili carezze di atletici fusti.
La notte la sua mano compiva alcune abluzioni che sembravano necessarie per spegnere il fuoco che la divorava e ritornare alla ragione. Visioni di sesso la tormentavano. Perversioni estreme affollavano la sua mente: aveva la sensazione di essere spiata da ogni fessura, sia che fosse sotto la doccia, sia nella stanza da letto, nuda, intenta a vestirsi. Il brutto però era che essi si sarebbero accorti che la sua mano continuava a scendere giù, sempre più in giù…
L'incontro fatale lo ebbe al porto, la freccia di Cupido la colpì al passaggio di un marinaio in divisa, Luca:
Com'era sexy con la sua uniforme!!! E quel berretto che gli donava un non so che cosa di affascinante!!!
Finalmente si era decisa, avrebbe puntato su di lui. La sua idea per conquistarlo era quella di lasciarsi pescare, sì, si sarebbe intrappolata volontariamente nella rete, che i marinai adoperano per catturare i pesci. Si recò così a comprare il necessario, come la muta, per immergersi. Dopo qualche giorno era pronta:

6. Dezember

Serena konnte nicht mehr. Seit mehr als einem Monat hatte sie keinen Freund mehr gehabt. Nur der Typ von der Tür gegenüber hatte ein gewisses Interesse gezeigt: Giovanni, diese minderbemittelte Schwuchtel!!!
Es begann schlecht für sie zu laufen, als die Schule zu Ende war und alle Klassenkameraden sie alleine ließen, um zu süßen Lieben in einem langen und unvergesslichen Sommer zu fahren…
Sie glaubte, dass sie dies mit „den Ausländern" ausgleichen würde. Sie würde einige gelegentliche Verabredungen eingehen. Sie würde einige „Dummheiten" begehen, aber nichts Ernsthaftes.
Nun war sie am Ende. Sie hatte erotische Träume: Sie stellte sich vor, sich den romantischen Liebeserklärungen und unwiderstehlichen Liebkosungen muskulöser Athleten zu ergeben.
In der Nacht glitt ihre Hand an sich hinunter, was ihr notwendig erschien, um das Feuer zu löschen, welches sie verzehrte und um sich wieder zur Vernunft zu bringen. Erotische Phantasien quälten sie. Extreme Perversionen erfüllten ihren Kopf: Sie hatte das Gefühl, aus jedem Spalt beobachtet zu werden, ob unter der Dusche oder im Schlafzimmer, wenn sie nackt war, um sich anzukleiden. Das Schlimme aber war, dass sie es merkten, dass ihre Hand weiterhin nach unten wanderte, immer tiefer und tiefer…
Die schicksalhafte Begegnung hatte sie am Hafen. Der Pfeil Cupidos traf sie, als ein Seemann in Uniform vorbeiging: Luca.
Wie sexy er in seiner Uniform aussah!!! Und seine Matrosenmütze gab ihm ein absolut faszinierendes Etwas!!!
Endlich hatte sie sich entschieden. Sie würde es bei ihm versuchen. Sich fischen zu lassen, war ihr Plan, um ihn zu erobern. Ja, sie würde sich freiwillig in seinem Netz verfangen, welches die Matrosen auswerfen, um die Fische zu fangen. Sie ging deshalb, um das Notwendige – wie einen Taucheranzug – zu kaufen und um einzutauchen. Nach ein paar Tagen war sie bereit:

un po' di rossetto sulle labbra ed un tocco di mascara l'avevano resa ancora più bella. Al sorgere del sole si calò in acqua e si andò ad imbrogliare in una rete. Era impaziente di essere pescata.
Luca era ubriaco fradicio, si reggeva a stento in piedi, aveva bevuto tutta la notte: andò così a coricarsi. Dormì parecchie ore e al risveglio trovò Serena nella sua cabina.
"Wow" esclamò Luca stupendosi:
la osservò per bene, poi chiuse gli occhi, credendo di sognare, li riaprì ed era tutto vero. Si alzò, le girò attorno, si toccò la fronte, i capelli, pensò per un attimo e poi disse:
"Ho appena terminato di sognarti"
Lentamente e dolcemente, Luca portò le sue labbra verso quelle di Serena, la spogliò ed in piedi com'era la rialzò con le braccia e cominciò ad amarla. Sudavano entrambi ma entrambi volevano sbarcare il lunario.
Dopo una dura lotta si lasciarono andare sul letto:
Serena cadde sul materasso, Luca, più alto di lei, invece, colpì il pomo del letto con la fronte, che si aprì in due, formando un lago di sangue, tra i deboli raggi mattutini che passavano attraverso l'oblò.

Ein bisschen Lippenstift und etwas Wimperntusche machten sie noch schöner. Bei Sonnenaufgang ließ sie sich ins Wasser gleiten und wickelte sich in ein Netz. Sie wartete ungeduldig, gefischt zu werden.
Luca war völlig betrunken. Er schaffte es kaum, sich auf den Füßen zu halten. Er hatte die ganze Nacht getrunken und legte sich nun schlafen. Er schlief etliche Stunden und beim Aufwachen fand er Serena in seiner Kabine.
„Wow!“, rief Luca überrascht aus:
Er betrachtete sie eingehend, dann schloss er die Augen im Glauben, es wäre ein Traum. Er öffnete sie wieder und alles war Wirklichkeit. Er stand auf und ging um sie herum, fuhr sich mit der Hand an die Stirn, durchs Haar, überlegte einen Augenblick und sagte dann:
„Ich habe gerade aufgehört, von dir zu träumen.“
Langsam und sanft näherten sich seine Lippen denen Serenas. Dann zog er sie aus und im Stehen hob er sie mit den Armen hoch und begann sie zu lieben. Sie schwitzten beide, aber beide wollten auf diese Art kommen. Nach einem schwerem Kampf ließen sie sich aufs Bett fallen: Serena fiel auf die Matratze, doch Luca, der größer war als sie, traf mit der Stirn genau auf den Bettpfosten.
Die Stirn sprang entzwei und es bildete sich ein Strom aus Blut in den schwachen Strahlen der Morgensonne, die am Bullauge vorbeizog.

7 dicembre

"Marco, tu vuoi essere sempre compatito?"
Ma io volevo solamente sapere perché se ne era andata improvvisamente via durante il mio compleanno.
"L'inizio di serata è stato stupendo. Ma poi mi hai detto che sembro Madonna e mi sono offesa"
E dopo una serie di chiarimenti, Julia ride:
"MADONNA", pronuncia in inglese, "Io avevo capito la Madonna del Vangelo".
E mi spiega che tutte le ragazze tedesche al suo posto e nella stessa situazione in cui io e lei eravamo, ossia avvinghiati uno all'altro, avrebbero capito…
"Che io ti faccio eccitare e poi non faccio niente, e il mio orgoglio femminile ne ha risentito.
Vuoi che ti chieda scusa?
No, non crederlo…".
E mi confida di come stia attraversando un periodo difficile e di come sia rimasta a piangere un'intera serata, perché il ragazzo le aveva detto, che non sarebbe andata a prenderla a Gorizia con la macchina.
Gorizia, per farla in breve, era vicino al villaggio turistico, dove Julia, Theodor e i genitori di lui, avevano programmato di trascorrere le vacanze di natale.
E il punto era, che se il suo ragazzo, non le sarebbe andato incontro in questa città, LEI AVREBBE DOVUTO RAGGIUNGERE IL VILLAGGIO TURISTICO CON LA COINCIDENZA.
"Marco, ultimamente faccio sogni stranissimi: vado a letto con una miriade di uomini e fra questi c'è anche Carmelo.

7. Dezember

„Marco, möchtest du eigentlich immer bemitleidet werden?“
Aber ich wollte nur wissen, warum sie an meinem Geburtstag so plötzlich gegangen war.
„Am Anfang war es ein herrlicher Abend. Aber dann hast du gesagt, ich sehe aus wie die Madonna, und das hat mich beleidigt.“
Und nach einer Serie von Erklärungen lacht Julia: „MADONNA“, sagte sie mit englischer Aussprache, „ich dachte, du meinst die Madonna aus der Bibel.“
Und sie erklärt mir, dass jedes deutsche Mädchen an ihrer Stelle und in der Situation, in der wir uns beide befanden, nämlich einander fest umschlungen, es so verstanden hätte…
„Dass ich dich erst errege und dann nichts weiter mache, das hat mich an meinem weiblichen Stolz gepackt.
Willst du jetzt etwa, dass ich mich bei dir entschuldige?
Nein, glaub' das nicht…“
Und sie vertraut mir an, welch schwierige Phase sie zur Zeit durchlebt, und dass sie einen ganzen Abend hindurch geweint hat, weil ihr Freund gesagt hatte, er würde sie nicht mit dem Auto aus Gorizia abholen.
Gorizia, um es kurz zu machen, war ein Ort in der Nähe des Touristenstädtchens, in dem Julia, Theodor und seine Eltern geplant hatten, gemeinsam die Weihnachtsferien zu verbringen.
Der Punkt dabei war der, dass, wenn ihr Freund sie nicht in dieser Stadt treffen würde, SIE MIT DEM ANSCHLUSSZUG IN DAS TOURISTENSTÄDTCHEN FAHREN MÜSSTE.
„Marco, in letzter Zeit habe ich seltsame Träume. Ich träume, dass ich mit einem ganzen Myriade von Männern ins Bett gehe, unter denen auch Carmelo ist.

Io ero abituata a fare sesso quasi ogni giorno con Theodor, e se i primi giorni in Italia mi trovavo bene da questo punto di vista, ora non resisto più. Al tuo compleanno ero molto attratta da te.
MI PIACEREBBE CHE ANCHE IL MIO RAGAZZO AVESSE FANTASIE EROTICHE CON ALTRE RAGAZZE. MA LUI PURTROPPO PENSA SOLO A ME.
Debbo parlare con lui:
MI DEVE DARE LA LIBERTA' DI FARE SESSO.
Lui mi è utile in Germania. A trovarmi in Italia non ci pensa nemmeno.
IL NOSTRO CORPO HA DELLE ESIGENZE, CHE SE NON SI SODDISFANO CI SI SENTE MALE.
E' incredibile, Marco, sei il primo a cui confido ciò e non so perchè".

Ed io ero qua a cantare le tue forme statuarie
A vantare i tuoi occhi, le tue labbra, i tuoi capelli
A celebrare il tuo cuore, gonfio di bei sentimenti
A dichiarare le tue qualità,
A idealizzare una donna, perfezione di bontà e bellezza.
Ma dimenticavo che anche tu sei materia.
E così osservo il mio corpo.
Mi metto in ascolto.
E vengo attratto nel fuoco infernale dei sensi.
Se ci si riflette con attenzione, tutte le debolezze nascono da una necessità fisica.

"Se vuoi la mia opinione, mancando solo due settimane alle vacanze, ti conviene trattenerti sia con me che con altri, nel compiere cose, di cui potrai pentirtene amaramente.

Ich war gewohnt, fast jeden Tag mit Theodor Sex zu haben und wenn ich auch am Anfang in Italien, was diesen Punkt anbelangt, keine Probleme hatte, halte ich es jetzt nicht mehr aus. An deinem Geburtstag fühlte ich mich sehr von dir angezogen.
ICH HÄTTE ES LIEBER, WENN MEIN FREUND AUCH EROTISCHE TRÄUME MIT ANDEREN MÄDCHEN HÄTTE, ABER LEIDER DENKT ER NUR AN MICH.
Ich muss mit ihm darüber reden:
ER MUSS MIR DIE FREIHEIT GEBEN, SEX ZU HABEN.
In Deutschland ist er mir nützlich. Aber er denkt ja nicht mal daran, mich hier in Italien zu besuchen.
UNSER KÖRPER HAT SEINE BEDÜRFNISSE. WENN MAN SIE NICHT BEFRIEDIGT, FÜHLT MAN SICH SCHLECHT.
Es ist unglaublich, Marco, du bist der Erste, dem ich das anvertraue und ich weiß nicht, warum.“

Und ich war da, um deine statuenhaften Formen zu besingen, um deine Augen, deine Lippen, dein Haar zu rühmen, um dein Herz zu feiern, voll schöner Empfindungen, um deine Eigenschaften auszurufen, um eine Frau zu idealisieren, die Vollkommenheit an Güte und Schönheit, ich vergaß, dass auch du nur aus Fleisch und Blut bist.
Und so betrachte ich meinen Körper.
Ich beginne zu lauschen. Und ich bin angezogen vom höllischen Feuer der Sinne.
Denkt man genau darüber nach, so entstehen alle menschlichen Schwächen aus einem körperlichen Bedürfnis.

„Wenn du meine Meinung hören willst: Es sind nur noch zwei Wochen bis zu den Ferien und ich glaube, dass du dich mit Sachen, die du bitter bereuen könntest, sei es mit mir oder mit anderen, zurückhalten solltest.

E ti consiglio anche di non accennare minimamente a Theodor, ciò che hai rivelato a me, perché ti lascerebbe immediatamente"

Muoio per Julia e mi piacerebbe immensamente fare sesso con lei, non una volta, ma più volte.

Perché le ho dato questo suggerimento non lo so.

Mi si potrà giudicare stupido.

Ma le volevo molto bene e non volevo farle del male.

Non desideravo che soffrisse.

E poi la conquista di una ragazza già fidanzata con un altro, lontano da lei, non è una cosa bella, se ci si riflette bene. Stavo soffrendo perché la desideravo. Stavo soffrendo e non mi piace soffrire. A nessuno piace il dolore, ma mi piace ciò che c'è dentro il dolore:

l'occasione di scoprire se stessi, il proprio essere, la propria essenza dietro ogni apparenza, una realtà che nessun altro può carpirti.

Scavando dentro me stesso ho capito di essere uomo abbastanza da poter frenare i miei impulsi sessuali.

Scavando dentro me stesso ho capito di essere uomo abbastanza da comprendere che non era giusto fare del torto ad un'altra persona.

Und außerdem rate ich dir, auch nicht nur das Geringste von dem, was du mir gerade erzählt hast, gegenüber Theodor zu erwähnen. Sonst verlässt er dich auf der Stelle."

Ich sterbe für Julia und es gefiele mir so sehr, mit ihr zu schlafen, nicht nur ein Mal, sondern viele Male.

Warum ich ihr den Rat gegeben habe, weiß ich nicht.

Man mag mich für dumm halten.

Aber ich hatte sie so gerne und wollte ihr nicht wehtun.

Ich wollte nicht, dass sie litt.

Und dann ist die Eroberung eines Mädchens, das bereits mit einem anderen zusammen ist, der fern von ihr ist, nicht gerade eine schöne Sache, wenn man genau darüber nachdenkt. Ich litt, gerade weil mich nach ihr verlangte. Ich litt und es gefällt mir nicht, zu leiden. Niemandem gefallen Schmerzen, aber mir gefällt, was im inneren des Schmerzes steckt:

die Möglichkeit, sich selbst zu entdecken, das eigene Sein, das wirkliche Wesen hinter jedem Schein, eine Wirklichkeit, die dir kein anderer entreißen kann.

Indem ich in meinem tiefsten Inneren gegraben habe, habe ich begriffen Manns genug zu sein, meine sexuellen Impulse zu bändigen.

Indem ich in meinem tiefsten Inneren gegraben habe, habe ich begriffen Manns genug zu sein, zu verstehen, dass es nicht richtig ist, einem anderen Menschen zu schaden.

20 dicembre

Gli ultimi giorni prima delle vacanze di natale trascorsero nel reciproco scambio delle nostre fantasie sessuali.
Ed io come AMICO ero là ad aiutarla a superare il suo momento difficile, prima del tanto atteso incontro con Theodor. I suoi sogni erano popolati per lo più da molti uomini, ma anche un ragazzo vergine sarebbe stato di suo gradimento:
così avrebbe potuto insegnargli come soddisfarla appieno.
"Marco, la madre di Theodor mi ha detto che LA DONNA DEVE DARE PIACERE AL PROPRIO UOMO. MA ANCHE LA DONNA HA UN CORPO CHE CHIEDE…"
Ed un rossore le dipinge il volto.
Una piccola nota stonata, in quei giorni così gradevoli, fu il malore passeggero di sua madre.
Per problemi al cuore fu ricoverata per un breve periodo in ospedale e fui lieto di starle accanto; un VERO AMICO si mostra nei momenti di difficoltà.

Gli ultimi giorni prima delle vacanze… la mia "Cantina"…
… io e lei distesi sul mio letto…
… SONO UN SUO AMICO…

abbraccio il suo corpo e accarezzo le sue labbra con le mie, ma non vado oltre. Le voglio bene e non voglio ferirla.
"Mia cara ho qualcosa da insegnarti"
Ci alzammo.

20. Dezember

Die letzten Tage vor den Weihnachtsferien verbrachten wir mit dem Austausch unserer erotischen Phantasien.
Ich war bei ihr, um ihr als ihr FREUND zu helfen über die schwierigen Tage hinweg zu kommen, bevor es zum so sehnsüchtig erwarteten Treffen mit Theodor kommen sollte.
Ihre Träume waren meist von vielen Männern bevölkert, aber auch ein Junge ohne Erfahrung wäre nach ihrem Geschmack: Sie könnte ihm beibringen, sie völlig zu befriedigen
„Marco, Theodors Mutter hat mir gesagt, dass DIE FRAU DEM EIGENEN MANN FREUDE BEREITEN MUSS. ABER AUCH DIE FRAU HAT EINEN FORDERNDEN KÖRPER...“
Und über ihr Gesicht flog ein Hauch von Röte.
Der einzige kleine Misston während dieser so angenehmen Tage waren vorübergehende Gesundheitsprobleme ihrer Mutter.
Für einen kurzen Zeitraum musste sie wegen ihrer Herzprobleme ins Krankenhaus eingewiesen werden und ich war glücklich, Julia beistehen zu können. Ein WAHRER FREUND zeigt sich in der Not.

Die letzten Tage vor den Ferien... mein „Keller“...
... ich und sie auf meinem Bett ausgestreckt
... ICH BIN EIN FREUND VON IHR...

Ich umarme ihren Körper und streichle ihre Lippen mit den meinen, aber ich gehe nicht weiter. Ich habe sie gern und möchte sie nicht verletzen.
„Meine Liebe, ich muss dir etwas beibringen.“
Wir standen auf.

Il suo piede destro leggermente sollevato all'indietro col corpo sbilanciato un po' in avanti.
Accarezzo di nuovo le sue labbra con le mie
"Voilà madame",
il mio bacio alla Via col Vento, ultima audacia da lei concessami.
E va via, lontano da me, verso le sue agognate vacanze di natale.

Ihr rechter Fuß ist leicht nach hinten angehoben, ihr Körper leicht nach vorne gebeugt.
Ich liebkose erneut ihre Lippen mit meinen
„Voilà madame",
mein Kuss wie in „Vom Winde verweht", eine letzte Kühnheit, die sie mir zugesteht.
Und sie geht weg, weit weg von mir, ihren so sehnsüchtig erwarteten Weihnachtsferien entgegen.

Quelle fredde sere dicembrine partii per il mio paese natale,
Punzecchiato dai ricordi e avvolto dal rumore della pioggia contro i vetri del treno.
Ascoltavo la voce del cuore, malinconica e triste.
E partirò, solo per tornare da te amore.
SI', TI AMO.
Avrei voluto dirtelo tante volte,
Ma la mia coscienza mi ha bloccato.

An diesen kalten Dezemberabenden kehrte ich in mein Heimatdorf zurück, *stechende Erinnerungen* und umhüllt vom Geräusch des Regens gegen die Zugfenster.

Ich lauschte der Stimme meines Herzens, sie klang melancholisch und trist. Und ich werde abfahren, um zu dir zurückzukehren, meine Liebe.

JA, ICH LIEBE DICH.

Ich wollte es dir so oft sagen, aber mein Gewissen hat mich aufgehalten.

Un anno
è
terminato.
Sono curioso di sapere cosa succederà

Ein Jahr
ist
zu Ende gegangen.
Ich bin neugierig, was passieren wird.

Ma che disastro dio mi maledica
ho scelto te, una donna per amico
ma il mio mestiere è vivere la vita
che sia di tutti i giorni oh sconosciuta
ti amo forte - debole compagna
che qualche volta impara
a volte insegna…

"Una donna per amico"
BATTISTI

Was für ein Desaster, Gott verdamme mich,
ich habe dich, eine Frau, zu meinem Freund erwählt.
Doch mein Beruf ist es, das Leben zu leben
ein Leben, das alle Tage von neuem das Unbekannte sei
Ich liebe Dich, stark–schwache Gefährtin
die manches Mal lernt,
andre Male lehrt...

„Una donna per amico“
BATTISTI

6 gennaio

Ero appena semplicemente tornato dalle vacanze quando un forte desiderio di rivedere Julia, mi spinse a telefonarle immediatamente.
Era il cinque gennaio.
"Pronto?
C'è Julia?
Dorme?
La richiamo domani.
Grazie"
Il giorno dopo il vento soffiava così forte che mi scompigliò i capelli.
"Cazzo!!!"
"Devo rivedere Julia!!!"
"E ogni ciocca deve essere al posto giusto".
Avevo anche comprato le commedie romantiche di Shakespeare, per mantenere alto il mio romanticismo.
Mancavano due ore prima di una sua lezione, dove avrei potuto incontrarla.
Ma ci imbattiamo per caso in Corso Vannucci. Aveva acquistato la rivista "Der Stern ".
L'abbraccio, la prendo per mano e ci avviamo all'università.
Ma noto che è triste.
"Cosa c'è?
Hai capito di non voler più lasciare il tuo ragazzo?
Ti sei innamorata una seconda volta di lui?
E avete deciso di trascorrere la pasqua assieme?
E sei triste?
Ahhh, tre mesi sono lunghi da passare"
Ed io come AMICO sono qua a consolarti, come sempre.
E non è tutto.

6. Januar

Ich war gerade eben erst aus den Ferien zurückgekehrt, als mich ein starkes Verlangen Julia wieder zu sehen, packte und mich trieb, sie sofort anzurufen.
Es war der fünfte Januar.
„Hallo?
Ist Julia da?
Sie schläft?
Ich rufe sie morgen noch mal an.
Danke."
Am nächsten Tag war der Wind so stark, dass er mir meine Haare völlig durcheinander wirbelte.
„Scheiße!!!"
„Ich muss Julia wieder sehen!!!"
„Und jede Strähne muss an der richtigen Stelle sitzen."
Ich hatte die romantischen Komödien von Shakespeare gekauft, um meine romantische Ader auf Trab zu halten.
In zwei Stunden fand eine ihrer Vorlesungen statt, bei der ich sie treffen könnte.
Zufälligerweise trafen wir uns schon auf dem *Corso Vannucci*.
Sie hatte sich den „Stern" gekauft.
Ich umarme sie, nehme ihre Hand und gemeinsam machen wir uns auf den Weg zur Universität.
Ich bemerke, dass sie traurig ist.
„Was ist los?
Du hast beschlossen, deinen Freund doch nicht zu verlassen?
Du hast dich zum zweiten Mal in ihn verliebt?
Und ihr habt beschlossen, Ostern zusammen zu verbringen?
Und du bist traurig?
Aaach, drei Monate sind lang."
Und ich als FREUND bin da, um dich zu trösten, wie immer.
Aber das ist nicht alles.

"Mi devi dire qualcos' altro?
"Si, Marco, quell'ARSCHLOCH di Carmelo deve pagare per il suo comportamento.
DEVE PAGARE"
Ed io sono un TUO AMICO anche quando più tardi mentre ti parlo, apri la tua rivista "Der Stern" e fai finta di esser sola.

„Musst du mir noch was sagen?“
„Ja, Marco, dieses Arschloch von Carmelo muss für sein Verhalten bezahlen.
ER MUSS BEZAHLEN.“
Und ich bin auch noch dein FREUND, wenn du später, während ich mit ihr spreche, den „Stern“ aufschlägst und zu lesen beginnst und so tust, als wärest du allein.

7 gennaio

"Finalmente avremmo potuto festeggiare", disse Julia .
"Carmelo ha un appuntamento con noi stasera e viene con una amica tedesca".
E Julia vuole parlare con questa tedesca e avvisarla.
Deve sapere tutto di Carmelo.
"Stasera ci divertiremo, stasera ci vendicheremo".
E Julia è un fiume di parole.
"E sai la novità?
Johanna (la ragazza bassa e piena di problemi di statura, che voleva sempre stare con Julia e si affidava a Julia per fare nuove amicizie) torna il fine settimana".
"Ah si ??"
"E sai io debbo parlare con lei, mi dispiace per lei.
Sai lascia un ragazzo in Germania e forse ha bisogno di qualcuno che la consoli".
E' inutile dire che Carmelo non venne con nessuna ragazza tedesca ma colse ogni occasione per dichiarare IL SUO FOLLE AMORE a Julia e di come lei avrebbe dovuto lasciare Theodor per lui.
Il fine settimana Julia non potè uscire con me, perché impegnata con la bassa e piena di problemi di statura Johanna.

7. Januar

„Endlich haben wir etwas zu feiern“, sagt Julia.
„Carmelo hat heute Abend eine Verabredung mit uns und kommt mit einer deutschen Freundin.“
Julia möchte mit dieser Deutschen reden und sie vorwarnen. Sie muss alles über Carmelo erfahren.
„Heute Abend werden wir uns amüsieren. Heute Abend werden wir uns rächen.“
Aus Julia sprudeln die Worte nur so heraus.
„Und weißt du schon das Neueste?
Johanna (das untersetzte Mädchen, das viele Probleme mit ihrer Figur hatte, immer mit Julia zusammen sein wollte und sich beim Schließen neuer Bekanntschaften auf Julia verließ) kommt dieses Wochenende.“
„Ach ja?“
„Weißt du, ich muss mit ihr sprechen. Sie tut mir leid. Weißt du, sie lässt ihren Freund in Deutschland zurück, vielleicht braucht sie jemanden, der sie tröstet.“
Unnötig zu sagen, dass Carmelo nicht mit einem deutschen Mädchen kam, sondern jede Gelegenheit nutzte, um Julia SEINE BLINDE LIEBE zu erklären, und dass sie Theodor seinetwegen verlassen müsse.
Am Wochenende konnte Julia nicht mit mir ausgehen, denn sie war mit der untersetzten und mit figurproblembelasteten Johanna beschäftigt.

10 gennaio

Il semestre invernale era quasi giunto al termine ed io e Julia ci incontravamo sempre al Caffè Morlacchi.
E lì una sera di martedì, discutiamo, come al solito le mie mani nelle sue, e con aria seria descriviamo tutte le posizioni sessuali.
Le piace essere distesa sul letto ed essere presa da dietro dal ragazzo.
E mi confida anche che un suo amico gay le ha confidato, che nell'ano maschile c' è un punto preciso come nella vagina, che si eccita.
Ci divertiamo tantissimo e ci diamo appuntamento per la sera: Non era così freddo ma Julia sì.
Si comporta male e trascorre tutto il tempo discutendo solo con Marcus, altro studente Erasmus di Heidelberg.
"Marcus ci ha visto oggi pomeriggio nel Caffè Morlacchi e mi ha chiesto se stiamo insieme. E' per rispetto al mio ragazzo se sono stata scorretta con te"

10. Januar

Das Wintersemester war fast vorüber und Julia und ich trafen uns immer im *Caffè Morlacchi*.
Und dort, eines Dienstagnachmittags, diskutierten wir, wie gewöhnlich meine Hände in ihren liegend, und mit großer Ernsthaftigkeit beschrieben wir alle Stellungen beim Sex.
Sie mag es vom Mann, während sie ausgestreckt auf dem Bett liegt, von hinten genommen zu werden.
Und sie erzählte mir, was ihr ein homosexueller Freund einmal anvertraut hatte, dass es im männlichen Anus einen genauen Punkt gibt, wie in der Vagina, durch dessen Berührung man erregt wird.
Wir amüsierten uns sehr und verabredeten uns für den Abend: Es war nicht besonders kalt, dafür war Julia um so kälter.
Sie benahm sich schlecht und verbrachte die ganze Zeit damit, mit Marcus, einem anderen Erasmusstudenten aus Heidelberg, zu diskutieren.
„Marcus hat uns heute Nachmittag im *Caffè Morlacchi* gesehen und gefragt, ob wir zusammen wären. Nur aus Respekt vor meinem Freund habe ich mich dir gegenüber so unhöflich verhalten."

16 gennaio

Ho paura, ho una strana sensazione sulla pelle.
Cosa sta succedendo?
Ogni volta che incontro Julia, mi tratta malissimo.
Le mie battute non la fanno più ridere.
"Ci vediamo stasera, Julia?"
"E perché ci dobbiamo vedere?"
Ed io ritorno in Puglia triste e con una gran confusione nella testa.

C'era in lei un cambiamento inspiegabile, che aumentava giorno dopo giorno.
Finora avevo relazionato Julia a me.
Ma cominciavo a capire che c'era una Julia vista dalla prospettiva di Marcus e Johanna. E dalla prospettiva della gente di Perugia.
Anche il suo rapporto col ragazzo, prima in punto di rottura e ora invece più solido, era mutato.
Purtroppo l'avevo giudicata non in relazione ad altre persone o situazioni ma come singolo individuo.
In quei freddi giorni invernali pre-natalizi le mie idee, i miei pensieri, i miei sentimenti si unirono alle idee, ai pensieri, ai sentimenti di Julia.
In questi freddi giorni invernali post-natalizi le mie idee, i miei pensieri, i miei sentimenti cozzarono maledettamente e orribilmente contro le idee, i pensieri e i sentimenti di Julia.

16. Januar

Ich habe Angst und bekomme eine seltsame Gänsehaut.
Was geht hier vor?
Jedes Mal, wenn ich Julia treffe, behandelt sie mich ausgesprochen schlecht.
Meine Sprüche bringen sie nicht mehr zum Lachen.
„Sehen wir uns heute Abend, Julia?"
„Und warum sollen wir uns heute Abend sehen?"
Und ich kehre nach Apulien zurück, traurig und sehr verwirrt.

In ihr hatte eine unerklärliche Veränderung stattgefunden, die von Tag zu Tag stärker wurde.
Bisher hatte ich Julia nur aus meiner Perspektive gesehen.
Aber ich begann zu begreifen, dass es eine Julia aus der Perspektive Johannas und Marcus' gab. Und aus der Perspektive der Menschen Perugias.
Auch das Verhältnis zu ihrem Freund, zuvor so kurz vor dem Bruch und nun hingegen viel stärker, hatte sich gewandelt.
Leider habe ich sie nie in Verbindung mit anderen Personen und Situationen beurteilt, sondern nur wie ein einzelnes Individuum.
In jenen winterlichen, vorweihnachtlichen Tagen hatten sich meine Ideen, meine Gedanken und meine Gefühle mit den Ideen, Gedanken und Gefühlen Julias vereinigt.
In diesen winterlichen, nachweihnachtlichen Tagen stießen meine Ideen, Gedanken und Gefühle auf verfluchte und schreckliche Weise gegen die Ideen, Gedanken und Gefühle Julias.

6 febbraio

Julia nel frattempo aveva trovato una camera in centro in Via della Viola ed era stata due settimane sull'isola d'Elba da un suo amico.
Voglio parlare con lei, voglio sapere cosa sta succedendo.
Posso?
No. Sua madre e suo fratello sono a farle visita.
"Come vedi Marco, io non ho tempo.
E poi c'è Giovanni che ci tiene compagnia. Sai ci è molto utile, perché ha la macchina e ci porta in giro per l'Umbria. Giovanni, che tu non hai ancora conosciuto è un uomo di 54 anni, fidanzato della mia coinquilina, anche lei tedesca, anche lei in avanti con gli anni, divorziata con un figlio. E' qui a Perugia per frequentare l'Università per Stranieri. E la sua carta di credito è a disposizione di questo Giovanni.
Mio fratello deve dormire all'Ostello della Gioventù, perché già ospitare mia madre è troppo per la mia coinquilina tedesca divorziata:
Lei deve ritrovare la sua pace interiore.
E io vorrei anche invitare qualche volta qualche amico per un tè?
Dopo aver ospitato mia madre per una settimana???!!!
Sarebbe carino, ma lei deve ritrovare la sua pace interiore, e quindi non se ne fa niente.
Marco, veramente, come vedi c'è qui mia madre, non ho tempo".

6. Februar

In der Zwischenzeit hatte Julia ein Zimmer im Zentrum gefunden in der *Via della Viola* und für zwei Wochen ist sie auf Elba bei einem Freund gewesen.
Ich will mit ihr sprechen, will wissen, was passiert.
Kann ich es?
Nein. Ihre Mutter und ihr Bruder besuchen sie gerade.
„Wie du siehst, Marco, habe ich keine Zeit.
Und dann ist Giovanni da, der uns Gesellschaft leistet. Er ist uns sehr nützlich, weißt du, er hat ein Auto und kann uns überall in Umbrien herumfahren. Giovanni, den kennst du noch gar nicht, er ist 54 und der Verlobte meiner Mitbewohnerin. Sie ist auch Deutsche und schon etwas älter, sie ist geschieden und hat ein Kind. Sie ist hier in Perugia, um die Ausländeruni zu besuchen. Ihre Kreditkarte wird von diesem Giovanni mitbenutzt.
Mein Bruder muss in der Jugendherberge schlafen, da ich schon meine Mutter beherberge und sonst wäre es zuviel für meine geschiedene Mitbewohnerin:
Sie muss ihre innere Ruhe wieder finden.
Und ich soll ab und zu auch noch einen Freund zum Tee einladen wollen?
Nachdem ich schon meine Mutter eine Woche beherbergt habe???!!!
Wäre nett, aber sie muss erst mal ihre innere Ruhe wieder finden, also da kann man nichts machen.
Marco, also wirklich, wie du siehst ist meine Mutter hier und ich habe keine Zeit.“

9 febbraio

Tra due giorni volerò per l'Argentina
Ma il mio cuore non spiccherà il volo
Perché resterà qui con te.

"Marco, questo biglietto me lo ha dato Giovanni.
Ma questo biglietto, preciso e identico, Giovanni lo ha dato anche a Johanna.
Sei il primo a cui lo faccio leggere, perché non so come comportarmi. Alcune volte credo di essere molto ingenua e mi lascio sfruttare dagli altri. Sia io che Johanna abbiamo prestato rispettivamente 85.000£ e 35.000£ a Giovanni che ha ancora la carta di credito della tedesca divorziata.
Ma non credo che con lui ci siano problemi:
è pilota Alitalia ed ha conosciuto la mia coinquilina tedesca divorziata al mare.
Lavorava in un bar.
Lo faceva perché nella vita bisogna provare di tutto.
Ma sì, anche scrivere due letterine identiche a due amiche, è una cosa normalissima.
Lo fanno tutti.
Comunque, Marco, volevi parlarmi?"
"Si, siamo ancora amici, io e te?"
"Questo devi dirmelo tu, molte cose sono cambiate. Non posso più passeggiare con te, perché tutta Perugia crede che stiamo insieme e sai per rispetto a Theodor…"
E prima di stabilire un altro appuntamento per un ulteriore chiarimento, mi racconta come Giovanni ogni sera, prima di separarsi da lei e da Johanna, le bacia sulle labbra.

9. Februar

In zwei Tagen fliege ich nach Argentinien.
Aber mein Herz wird den Flug nicht antreten,
da es hier bei dir bleiben wird.

„Marco, diesen Zettel hat mir Giovanni gegeben".
Aber den gleichen Zettel hat Giovanni auch Johanna gegeben. Du bist der erste, den ich ihn lesen lasse, weil ich nicht weiß, wie ich mich verhalten soll. Manchmal glaube ich, ich bin ziemlich naiv und lasse mich von den anderen ausnutzen. Sowohl ich als auch Johanna haben Giovanni 85.000 bzw. 35.000 Lire geliehen, der noch die Kreditkarte der geschiedenen Deutschen hat.
Aber ich glaube nicht, dass es Probleme mit ihm gibt:
Er ist Pilot bei Alitalia und hat meine geschiedene, deutsche Mitbewohnerin am Meer kennen gelernt.
Er arbeitete in einer Kaffeebar.
Er hat den Job angenommen, weil man im Leben alles einmal ausprobiert haben sollte.
Aber ja, auch zwei völlig identische Briefchen an zwei Freundinnen zu schreiben. Das ist völlig normal.
Machen doch alle.
Auf jeden Fall, Marco, du wolltest mit mir sprechen?"
„Ja, sind wir eigentlich noch Freunde, du und ich?"
„Das musst du mir sagen. Viele Dinge haben sich verändert. Ich kann nicht mehr mit dir spazieren gehen, weil mittlerweile ganz Perugia glaubt, dass wir zusammen sind, und du weißt, aus Respekt vor Theodor..."
Und bevor wir uns für ein weiteres klärendes Gespräch verabreden, erzählt sie mir noch, dass Giovanni sie jeden Abend, bevor er sich von ihr und Johanna verabschiedet, auf den Mund küsst.

Assurda.
La situazione è semplicemente assurda. Julia mi aveva tenuto nascosto il suo lato più crudele.
E mi rendo conto, che ogni parola, ogni gesto, ogni azione, ogni idea che ho espresso, l'ho espressa di fronte ad una persona che recitava. Mi ha preso in giro e coperto di ridicolo sin dal primo momento che ci siamo frequentati.
E FA MALE.
Per tre mesi quasi ogni giorno abbiamo condiviso caffè e cappuccino contornati da discorsi di tre ore.
Siamo stati abbracciati sul mio letto, guardando film.
Ci siamo scambiati le nostre fantasie sessuali etc. etc.
Eppure ero stato distante da lei senza saperlo. Ero stato insieme ad una ragazza che aveva finto a me e a se stessa.
Oppure stava fingendo a Giovanni?
E si stava rifugiando nella sua nuova quotidianità?
Assurdo.
E' tutto così semplicemente assurdo e confuso.

Absurd.
Die Situation ist einfach absurd. Julia hatte ihre grausamste Seite vor mir versteckt.
Mir wurde klar, dass jedes Wort, das ich gesagt, jede Geste, jede Handlung, die ich getan, jede Idee, die ich ausgesprochen habe, ich vor einem Menschen ausgesprochen habe, der nur eine Rolle spielte. Sie hat mich an der Nase herumgeführt und mich lächerlich gemacht von dem ersten Moment an, an dem wir uns trafen.
UND DAS TUT WEH.
Seit drei Monaten hatten wir fast täglich zusammen Kaffee und Cappuccino getrunken, begleitet von dreistündigen Gesprächen.
Wir hatten uns auf meinem Bett umarmt, während wir Filme geschaut haben.
Wir haben unsere sexuellen Phantasien ausgetauscht etc etc.
Und trotzdem war ich ihr fern gewesen, ohne es zu wissen.
Ich habe die Zeit zusammen mit einem Mädchen verbracht, dass vor mir und vor sich selbst nur schauspielerte.
Oder schauspielerte sie auch vor Giovanni?
Und flüchtete sie sich in ihre neue Alltäglichkeit?
Absurd.
Alles ist einfach absurd und verwirrend.

13 febbraio

Incontro Giovanni per strada che mi confessa:
"Tra tre-quattro giorni vado in pensione. Sono stufo di questa vita. Lavori tanto e poi all'improvviso, patapam, l'aereo casca giù. Meglio correre ai ripari".

13. Februar

Ich traf Giovanni auf der Straße, der mir folgendes anvertraute: „In drei, vier Tagen gehe ich in Rente. Ich habe dieses Leben satt. Du rackerst dich ab, und dann plötzlich – peng – stürzt das Flugzeug ab. Besser, gleich in Deckung zu gehen.“

14 febbraio

Che freddo faceva quella sera!!!
Ma la vista della terrazza del Contrappunto era così bella.
E una nebbia non così folta contribuiva a formare un'atmosfera di romanticismo, ma anche di paura.
Brividi sulla mia pelle.
Si sarebbe dovuto proiettare un film in inglese quella sera al Contrappunto.
Si sarebbe dovuto ma un guasto tecnico aveva mandato tutto all'aria.
E così decisi di rimanere ad osservare la vista della terrazza.
Immobile.
Muto.
Senza pensieri.
"Porco Dio",
Mi voltai e udii nuovamente:
"Porco Dio".
Era Giovanni a braccetto con Julia.
"Maaarcoooo!!! Non c'è il film?", chiese Julia
"No"
"Possiamo andare al Morlacchi. Se tu vuoi puoi venire, ma dobbiamo aspettare Johanna.
Porco Dio, ma PORCO DIO", disse Julia.
E Johanna giunse subito con un suo amico, il quale deluso per la mancata proiezione del film, mano in tasca, sigaretta in bocca, ci lasciò per raggiungere casa.
Ci avviammo così al Caffè Morlacchi.
Io e Giovanni precedevamo, seguiti da Johanna e Julia, che discutevano animatamente in tedesco.

14. Februar

Wie kalt war es an jenem Abend!!!
Aber die Aussicht von der Terrasse am *Contrappunto* war so schön.
Und ein nicht zu dichter Nebel trug dazu bei, dass eine romantische Stimmung aufkam, aber auch Angst.
Ich bekam Gänsehaut.
An diesem Abend hätte im *Contrappunto* ein Film auf Englisch gezeigt werden sollen.
Er hätte gezeigt werden sollen, aber ein technischer Defekt machte den Plan zu nichte.
Und so beschloss ich zu bleiben und die Aussicht auf der Terrasse zu genießen.
Bewegungslos.
Stumm.
Ohne Gedanken.
„Verfluchter Gott."
Ich drehte mich um und hörte erneut:
„Verfluchter Gott."
Es war Giovanni, Julia an seinem Arm.
„Maaarcoooo!!! Zeigen sie nicht den Film?", fragte Julia.
„Nein."
„Wir können ins *Morlacchi* gehen. Du kannst ja mitkommen, wenn du willst, aber wir müssen auf Johanna warten. Verfluchter Gott, VERFLUCHTER GOTT", sagte Julia.
Und Johanna kam kurz darauf mit einem Freund an, der uns jedoch, enttäuscht, dass der Film nicht gezeigt wurde, mit den Händen in der Tasche und einer Zigarette im Mund, verließ, um nach Hause zu gehen.
So machten wir uns auf den Weg ins *Caffè Morlacchi.*
Giovanni und ich gingen voran, gefolgt von Johanna und Julia, die sich angeregt auf Deutsch unterhielten.

Giovanni è un uomo alto 1.80cm circa, capelli bianchi e lunghi, e porta occhiali da vista.
Lui teneva conversazione ed io ascoltavo:
“PORCO DIO.
Dio non esiste è solo una invenzione di quei preti che si ingrassano alle nostre spalle.
Nella vita bisogna fare tutto ciò che ci pare e piace.
Senza alcuno scrupolo di sfruttare gli altri.
Ne ho visto di persone che ne hanno combinate di cotte e di crude e non hanno mai sofferto, neanche in punto di morte.
Ma tu sei troppo giovane per comprendere.
Sai quanti ne ho visti di questi tipi che correndo in moto o in auto, patapam, incidente. Testa spaccata in due e ci hanno lasciato la pelle senza soffrire.
Capisci?
Sono morti come sono vissuti.
Senza sofferenze.
PORCO DIO”
Giungemmo all’entrata del Caffè Morlacchi e parlai per la prima volta:
“Allora in questi giorni andrai in pensione?”
“Io, in pensione?
Ah, ah, ah…
Ma se mi mancano ancora due anni…”
Ci sedemmo ai tavolini.
Julia e Johanna continuavano a discutere animatamente in tedesco.
Il telefono di Giovanni vibrava tantissime volte:
“Marco, queste sono tutte le fighe che mi chiamano in ogni momento.
Le faccio ridere.
Vedi Julia, se non ci fossi io qua…
…morirebbe di tristezza”

Giovanni war circa 1,80 m. groß, mit langen, weißen Haaren und Brille.
Er sprach, und ich hörte zu.
„VERFLUCHTER GOTT.
Gott gibt es gar nicht. Er ist nur eine Erfindung von den Priestern, die sich auf unsere Kosten einen Bauch anfressen.
Im Leben soll man alles machen, was einem gefällt.
Ohne irgendwelche Skrupel, andere Menschen auszunutzen.
Ich habe Leute gesehen, die die schlimmsten Dinge verbrochen haben, und sie haben nie gelitten haben, nicht einmal in der Stunde des Todes.
Aber du bist zu jung, um das zu begreifen.
Was meinst du, wie viele solcher Typen ich schon gesehen habe, die mit dem Motorrad oder mit dem Auto rasen. Ein Unfall, peng, den Kopf in zwei Teile gespalten, und sie sind dabei ums Leben gekommen, ohne zu leiden.
Verstehst du?
Sie sind gestorben, wie sie gelebt haben.
Ohne Leiden.
VERFLUCHTER GOTT."
Wir haben den Eingang zum *Caffè Morlacchi* erreicht und ich sagte zum ersten Mal etwas:
„Nun, du wirst in diesen Tagen in Rente gehen?"
„Ich, in Rente?
Hahaha...!
Wo mir doch noch zwei Jahre fehlen!"
Wir setzten uns an die Tischchen.
Julia und Johanna unterhielten sich weiterhin lebhaft auf Deutsch.
Das Handy von Giovanni war ständig am Vibrieren.
„Marco, das sind all die Tussis, die mich ohne Pause anrufen.
Ich bringe sie zum Lachen.
Schau dir nur Julia an, wäre ich nicht hier…
… sie würde vor Traurigkeit sterben."

E il resto della serata trascorse tra la discussione animata delle due tedesche, le sigarette da me fumate e il continuo vibrare del cellulare di Giovanni.
E Julia ritornò nel suo nuovo appartamento accompagnata da Giovanni ed io nel mio monolocale più confuso che mai.
Oltre ad essere tutto assurdo e confuso è anche tutto molto triste.
Io capivo quand'era importante l'amicizia con Julia proprio adesso che non ci frequentavamo più.
Ma anch'io ero assente per lei.
Sentiva la mia mancanza?
Ho dei valori nella vita, sempre e ovunque.
E l'amicizia è uno di questi.
AVEVO TRASCORSO TRE MESI CON JULIA PER NON VEDERLA PIU' .
E ti rendi conto di come si è isolati con se stessi.
E' così triste e malinconico.
Ma stavo considerando Julia effettivamente da come lei è?
Sì, almeno da come si è presentata precedentemente.
O mi sono lasciato offuscare dai sentimenti?
Le avevo dato tutto.
L'ho inserita all'università e in città. Le ho presentato i miei amici. Uno dei quali lo ha baciato.
Ma quel bacio ha causato il pernottamento in un hotel in una città sconosciuta ad un'altra ragazza straniera, il mio capire all'improvviso di essere stato preso in giro da due amici con il conseguente dolore e il tradimento al suo ragazzo.
Io avevo considerato il tutto derivante dalla ingenuità di Julia.
Anche dopo l'accaduto la ritenni una ragazza con dei principi.

Der Rest des Abends verging in der lebhaften Diskussion der beiden Deutschen, den von mir gerauchten Zigaretten und dem ständigen Vibrieren von Giovannis Handy.

Und Julia kehrte, begleitet von Giovanni, in ihr neues Appartement zurück und ich in meine Einzimmerwohnung, verwirrter denn je.

Nicht nur, dass alles absurd und verwirrend ist, es ist auch alles sehr traurig.

Ich verstand, wie wichtig mir die Freundschaft mit Julia war, besonders jetzt, wo wir uns nicht mehr trafen.

Aber auch ich war für sie abwesend.

Fühlte sie mein Fehlen?

In meinem Leben habe ich mich nach Werten gerichtet, immer und überall.

Und die Freundschaft ist einer davon.

ICH HATTE DREI MONATE MIT JULIA VERBRACHT, NUR UM SIE NICHT MEHR ZU SEHEN.

Und es wird einem klar, wie man sich von sich selbst isoliert hat.

Es ist so traurig und trübsinnig.

Aber betrachtete ich Julia so, wie sie wirklich ist?

Ja, wenigstens so, wie sie sich vorher gezeigt hat.

Oder haben mir vielleicht meine Gefühle die Sinne vernebelt?

Ich hatte ihr alles gegeben.

Ich habe ihr die Universität und Perugia gezeigt. Ich habe ihr meine Freunde vorgestellt. Einen von ihnen hat sie geküsst.

Aber dieser Kuss hat zu der Übernachtung eines anderen ausländischen Mädchens in einem Hotel in einer unbekannten Stadt, meiner plötzlichen Erkenntnis, von zwei Freunden an der Nase herumgeführt worden zu sein und dem darauf folgenden Leid und den Betrug an ihrem Freund geführt.

Ich hatte geglaubt, dass alles kommt von der Naivität Julias.

Auch nach dem Vorgefallenen hielt ich sie noch für ein Mädchen mit Prinzipien.

E che cavolo, aveva baciato Carmelo perché gli voleva bene.
E Carmelo, così credeva lei, le voleva bene.
E poi tutte quelle teorie sugli uomini:
Perché un uomo fa tante promesse ad una donna solo per portarla a letto?
E' meglio che vada con una prostituta, no??!!
Perché fare del male ad un altro?
Etc. etc.
Adesso anch'io mi pongo queste domande di Julia, sostituendo però il sostantivo uomo con donna.
Ad esempio:
Perché tu, donna, mi hai sempre parlato di una amicizia tra di noi lunga un anno?
Se non lotti per essa, anzi fai di tutto per distruggerla?
Perché sempre frasi come: io ti voglio bene?
Più il tempo passa e più comprendo di aver trascorso tre mesi non con una amica ma con una ragazza che si è presa gioco di me, ogni istante in cui stavamo insieme.

Und zum Teufel, sie hatte Carmelo geküsst, weil sie ihn gern hatte.
Und Carmelo, so dachte sie, würde ihre Gefühle teilen.
Dazu all diese Theorien über die Männer:
Warum macht ein Mann einer Frau so viele Versprechen, nur um sie ins Bett zu kriegen?
Es wäre besser, ginge er zu einer Prostituierten, oder??!!
Warum einem anderen weh tun?
Etc. Etc.
Jetzt stelle auch ich mir die gleichen Fragen, die sich Julia gestellt hat, ersetze aber das Wort „Mann" mit „Frau".
Zum Beispiel:
Warum hast du mir, Frau, immer von einer einjährigen Freundschaft zwischen uns erzählt?
Wenn du nicht nur nicht um sie kämpfst, sondern sogar vielmehr alles tust, um sie zu zerstören?
Warum immer Sätze wie: „Ich mag dich?"
Je mehr die Zeit verstreicht, desto mehr begreife ich, die vergangenen drei Monate nicht mit einer Freundin verbracht zu haben, sondern mit einem Mädchen, das mich an der Nase herum geführt hat, in jedem Augenblick, in dem wir zusammen waren.

16 febbraio

Io non ho mai baciato una ragazza, quando avevo un appuntamento con una sua amica.
Io non mi sono lasciato consolare dall'amica che ho abbandonato ad un appuntamento, quando ho capito di aver sbagliato a baciare quell'altra, per poi dire a questa amica che non la voglio più vedere, perché mi ricorda i baci con l'altra.
Ed io non ho mai rivelato un segreto ad una amica, per poi dirle non ti voglio più vedere, perché sei a conoscenza di questo segreto.
Eppure è questo che mi ha detto Julia, quando in un nuovo chiarimento, le ho chiesto perché non voleva più vedermi.
Le ricordavo i baci di Carmelo.
Le ricordavo i problemi sessuali che mi aveva rivelato.

"Comunque, Marco, se tu mi dici che stai attraversando un brutto periodo io ti aiuto", mi disse Julia alla fine.

16. Februar

Ich habe nie ein Mädchen geküsst, wenn ich eine Verabredung mit ihrer Freundin hatte.
Ich habe mich nie von einer Freundin trösten lassen, die ich für eine Verabredung verlassen habe, nachdem ich verstanden habe, dass es ein Fehler war, die Andere zu küssen und um dann jener Freundin zu sagen, ich wolle sie nicht mehr sehen, da sie mich an die Küsse mit der Anderen erinnert.
Und ich habe nie einer Freundin ein Geheimnis anvertraut, um ihr dann zu sagen, ich will dich nicht mehr sehen, denn du weißt um mein Geheimnis.
Aber das wurde mir von Julia gesagt, als ich sie während einer neuen Aussprache fragte, warum sie mich nicht mehr sehen wollte.
Ich erinnerte sie an die Küsse mit Carmelo.
Ich erinnerte sie an ihre sexuellen Probleme, die sie mir offenbart hatte.

„Auf jeden Fall, Marco, wenn du jetzt eine schwierige Zeit hast, helfe ich dir“, sagte mir Julia am Ende...

18 febbraio

Julia esce con me mostrandosi dispiaciuta per il mio infelice momento.

18. Februar

Julia geht mit mir aus. Sie zeigt sich traurig über meine unglückliche Phase.

19 febbraio

Julia è di nuovo fredda, Giovanni dopo un paio di giorni fuori Perugia, è ritornato.

19. Februar

Julia ist erneut sehr kalt. Giovanni ist zurückgekehrt, nachdem er ein paar Tage nicht in Perugia war.

20 febbraio

Il padre di Julia giunge da Passau.

20. Februar

Julias Vater kommt aus Passau zu Besuch.

22 febbraio

Vigilia del compleanno di Julia.
Le chiedo cosa vuole per regalo e lei mi risponde:
"Niente, tanto non sei invitato.
Tu dai fastidio a Giovanni".

22. Februar

Der Abend vor Julias Geburtstag.
Ich frage sie, was sie sich wünsche, und sie antwortet:
„Nichts, du bist eh nicht eingeladen.
Du fällst Giovanni auf die Nerven.“

marzo

Tu dai fastidio a Giovanni
Tu dai fastidio a Giovanni
Tu dai fastidio a Giovanni
Tu dai fastidio a Giovanni
Tu dai fastidio a Giovanni

März

Du fällst Giovanni auf die Nerven
Du fällst Giovanni auf die Nerven
Du fällst Giovanni auf die Nerven
Du fällst Giovanni auf die Nerven
Du fällst Giovanni auf die Nerven

aprile

Tu dai fastidio a Giovanni
Tu dai fastidio a Giovanni
Tu dai fastidio a Giovanni
Tu dai fastidio a Giovanni
Tu dai fastidio a Giovanni

April

Du fällst Giovanni auf die Nerven
Du fällst Giovanni auf die Nerven
Du fällst Giovanni auf die Nerven
Du fällst Giovanni auf die Nerven
Du fällst Giovanni auf die Nerven

2 maggio

Questa frase così orribile per me, mi ha allontanato dai miei amici, dai miei genitori, dalla mia vita.
Mi sono rinchiuso nei miei pensieri e nel mio dolore, così atroce e insopportabile.
Era giunto aprile e con esso il bel tempo.
Bello per gli altri ma non per me:
una tempesta ininterrotta nel mio petto.
Mi è impossibile spiegare ciò che provo perché ognuno ha un modo differente di sentire e dunque non capirebbe.
Posso solo rappresentare graficamente il mio dolore.
Poche parole percepite dal mio cervello a distanza che diventano sempre più vicine e rumorose fino a farmi scoppiare.
Queste parole mi ricorderanno per sempre uno dei momenti più brutti della mia vita.
Credo che ognuno di noi ne abbia avuti e ognuno di noi ha qualcosa o qualcuno o qualche frase che glieli ricordi.
Trascorro il tempo facendo lunghe passeggiate e osservando i panorami più belli di Perugia (ce ne sono tanti), per non dimenticare che LA VITA E' BELLA ANZI BELLISSIMA.

2. Mai

Dieser für mich so schreckliche Satz hat mich von meinen Freunden, von meiner Familie, von meinem Leben entfernt.
Ich schloss mich in meinen Gedanken und in meinem so grausamen und unerträglichen Schmerz ein.
Es kam der April und mit ihm das schöne Wetter.
Schön für die anderen, aber nicht für mich:
ein ununterbrochener Sturm in meiner Brust.
Es ist mir unmöglich, zu erklären, was ich fühle, denn jeder fühlt auf andere Weise und könnte es daher nicht verstehen.
Ich kann meinen Schmerz nur skizzenhaft ausdrücken.
Wenige Worte, von meinem Gehirn aus der Ferne aufgenommen, die immer näher kommen und lauter werden, bis sie mich in die Luft sprengen.
Diese Worte werden mich immer an einen der schlimmsten Momente meines Lebens erinnern.
Ich glaube, dass jeder von uns einmal so etwas erlebt hat und jeder von uns hat etwas oder jemanden oder einen solchen Satz, der ihn daran erinnert.
Ich verbringe die Zeit mit langen Spaziergängen, auf denen ich die schönsten Aussichten Perugias erblicke (von denen es viele gibt), um nicht zu vergessen: DAS LEBEN IST SCHÖN, VIELMEHR DAS LEBEN IST WUNDERSCHÖN.

10 maggio

Incontro Julia alla fontana.
Il tempo era così piacevole.
I gradini del Duomo erano pieni di giovani.
Si notavano anche molti piccioni paffuti e uno di questi, "una" piccione era magrissima e capivi subito che era la più corteggiata dai piccioni di sesso maschile.
A maggio i miei sentimenti verso Julia erano totalmente mutati.
Un senso di rabbia e, mi vergogno a dirlo, un senso di vendetta permeavano le mie giornate.
E la minaccio di parlare col suo ragazzo, se non mi dice cosa c'è sotto al suo improvviso cambiamento dopo le vacanze di natale.

La mia cantina… e un discorso di chiarimento…
La luce vacua delle candele spenta…
Il filo dell'amicizia consumato…
La bella canzone "I don't know why I love you, but I do" riposa nel cd.
E lei entrando lo accarezza con lo sguardo:
Nostalgia?… Rancore?… Pentimento del tempo trascorso con me?…

"Marco, ed io che ti ho sempre difeso"
"Ah si? E da chi?"
"Klaus, ad esempio"

"Klaus? Ma se non mi conosce. Non siamo mai usciti insieme."

10. Mai

Ich treffe Julia am Brunnen.
Das Wetter war so angenehm.
Die Stufen zum Dom waren voller junger Leute.
Man bemerkte auch die vielen feisten Tauben und man sah sofort, dass einer Taube (einem sehr dünnen Täubchen) am häufigsten von den männlichen Tauben der Hof gemacht wurde.
Im Mai hatten sich meine Gefühle zu Julia vollständig gewandelt.
Ein Gefühl der Wut, und ich schäme mich es zu sagen, ein Gefühl der Rache durchdrangen meine Tage.
Und die Drohung, mit ihrem Freund zu sprechen, wenn sie mir nicht sagt, was hinter ihrem plötzlichen Wandel nach den Weihnachtsferien steckt.

Mein Keller... und ein klärendes Gespräch...
Das schwache Licht der Kerze erloschen....
Der Faden der Freundschaft verbraucht...
Das schöne Lied „I don't know why I love you, but I do" wartet im CD-Player.
Beim Eintreten streichelt sie ihn mit den Augen:
Sehnsucht? ... Groll?... Reue wegen der Zeit, die sie mit mir verbracht hat?

„Und ich habe dich immer verteidigt, Marco."
„Ach ja? Und vor wem?"
„Vor Klaus zum Beispiel."

„Klaus? Aber der kennt mich doch gar nicht. Wir haben nie etwas zusammen unternommen."

"Ogni volta che mi vedeva, mi diceva sempre:
– Perché perdi tempo con Marco?
– E' una persona molto strana.
Ed io che gli ho risposto di trovarmi bene con te. Che mi facevi ridere".
Klaus proviene da Hannover, è molto alto ed ha gli occhi azzurri. E' uno studente Erasmus anche lui. Ed è un amico di Johanna.
"E poi chi altro sparla di me?"
Accenno di un sorriso sarcastico di Julia.
Un rossore appare sulle sue guance.
"Johanna. E' da gennaio che dice cose cattive sul tuo conto".
E pace è fatta tra me e Julia.
Anche se dopo un paio di giorni, mi comunica che non possiamo più uscire insieme, perché Johanna e Klaus spargono la voce tra tutti gli amici in comune che:
"Marco è uomo da violentare le donne.
Marco potrebbe violentare Julia.
E tu sai, PER RISPETTO A THEODOR…"

La mia cantina…
La luce vacua delle candele spenta…
Il filo dell'amicizia consumato…

La bella canzone "I don't know why I love you, but I do" riposa nel cd che io accarezzo con lo sguardo:
Nostalgia?... Rancore?... Pentimento del tempo trascorso con lei?…

„Jedes Mal, wenn er mich sah, hat er gesagt:
‚Warum vergeudest du deine Zeit mit Marco?
Er ist ein komischer Typ.'
Und ich habe ihm geantwortet, dass ich gerne mit dir zusammen war. Dass du mich zum Lachen brachtest."
Klaus stammt aus Hannover, er war sehr groß und hatte blaue Augen. Er ist ebenfalls Erasmusstudent. Und ein Freund von Johanna.
„Und wer spricht noch schlecht von mir?"
Ich werfe Julia ein sarkastisches Lächeln zu.
Sie errötet leicht.
„Johanna. Seit Januar sagt sie böse Sachen über dich."
Damit herrscht Frieden zwischen Julia und mir.
Auch als sie mir einige Tage später mitteilt, dass wir nicht mehr zusammen ausgehen können, weil Johanna und Klaus allen gemeinsamen Freunden erzählen:
„Marco ist ein Typ, der Frauen vergewaltigt. Marco könnte Julia vergewaltigen."
Und du weißt, AUS RESPEKT VOR THEODOR…

Mein Keller...
Das schwache Licht der Kerze erloschen....
Der Faden der Freundschaft verbraucht...

Das schöne Lied „I don't know why I love you, but I do" wartet im CD-Player, den ich mit den Augen streichele:
Sehnsucht? ... Groll?... Reue wegen der Zeit, die ich mit ihr verbracht habe?...

13 giugno

Il pullman che parte quotidianamente da Piazza Partigiani con fermata Cisternino, piccolo paese pugliese, stava per giungere. Sei ore di viaggio in pullman sono dure.
Per fortuna c'era il televisore e il tempo trascorse con la visione di tre film.
La signorina tedesca, dai capelli ed occhi differenti dagli altri passeggeri aveva già catturato l'attenzione.
"Prego signorina si accomodi"
"Prego signorina il biglietto"
E dagli atteggiamenti del corpo non così disinvolti e dalla voce tremula, capimmo che la signorina aveva già fatto colpo sul controllore.
Mio padre venne a prenderci con la macchina.
E dopo sei ore di viaggio eccoci nell'appartamento di mia zia che abita a Torino, ma trascorre ogni mese di agosto a Villanova, dove io ho passato la mia infanzia.
"Incredibile Marco, non posso credere che tu sia cresciuto in questi luoghi"
Il caldo, la luna splendente e i grilli canterini:
ingredienti di una notte romantica.
Ma eravamo troppo stanchi.
Il mattino seguente facemmo colazione in un bar del paese.
E la presenza di una straniera sconvolse la gente:
profumo di avventura e voglia di diverso rompono la noia quotidiana.
Auto piene di occhi eccitati e motorini con ragazzi senza casco passano e ripassano continuamente davanti la signorina dai capelli ed occhi differenti.
Ma si parte subito per il mare:

13. Juni

Der Reisebus kam an, der täglich von der *Piazza Partigiani* abfährt, mit Halt *Cisternino*, einem kleinen apulischen Dorf.
Sechs Stunden im Reisebus sind hart.
Zum Glück gab es einen Fernseher, und die Zeit verging beim Sehen dreier Filme.
Die *signorina tedesca* mit den Haaren und Augen, die anders waren, als die der anderen Mitreisenden, hatte schon Aufmerksamkeit erregt.
„Bitte *Signorina*, setzten sie sich."
„*Signorina*, ihre Fahrkarte bitte."
Und an der etwas gezwungenen Körperhaltung und der bebenden Stimme verstanden wir, dass die *Signorina* schon Eindruck auf den Fahrkartenkontrolleur gemacht hatte.
Mein Vater kam, um uns mit dem Wagen abzuholen.
Nach sechs Stunden Reise hatten wir endlich die Wohnung meiner Tante erreicht, die in Turin wohnt, aber jeden August in Villanova verbringt, wo ich auch meine Kindheit verbracht habe.
„Es ist unglaublich, Marco, ich kann es nicht glauben, dass du hier aufgewachsen bist."
Die Wärme, der leuchtende Mond und die singenden Grillen: Zutaten für eine romantische Nacht.
Aber wir waren zu müde.
Am folgenden Morgen frühstückten wir in einer Bar im Dorf.
Die Gegenwart einer Ausländerin erschütterte die Menschen.
Der Duft von Abenteuer und die Lust nach Abwechslung zerstören die tägliche Langeweile.
Autos voller erregter Augen und Mopeds mit jungen Fahrern ohne Helm fahren wieder und wieder an der *Signorina* mit den andersartigen Augen und Haaren vorbei.
Aber wir gehen sofort ans Meer.

la sabbia, il frisby, il costume, il sole, il sale sulle labbra e sulla pelle.
Ingredienti di un giorno romantico.
Ma siamo ancora distanti uno dall'altra.
I nostri discorsi stupidi e privi di senso fanno arrabbiare il sole che diventa ancora più rosso.
"Diventerò scrittore un giorno"
"Hai già pensato a un nome d'arte?"
Di fronte a me una busta di latte:
"Bè, sì, Altaqualitàlatteparzialmentescremato Marco...
Cosmico, no-o ?!!!"
E giunge così la notte portatrice di sogni.
Una Opel bianca del '95 dirige i suoi alti fari nel cielo immenso e sorridente.
Una linea orizzontale lo divide dalla strada.
Dai finestrini penetrano gli odori estivi.
E il profumo di grano dell'aperta campagna diviene profumo di pini e le montagne cercano di raggiungere l'immensità del cielo.
E il profumo di pini diviene profumo di avventura e l'immensità del mare contrasta l'immensità del cielo.
Una ragazza, dai capelli castani e gli occhi azzurri, conduce l'Opel bianca del '95.
Accanto ad lei, trasognato, ci sono io ragazzo dal volto mediterraneo e romantico.
Raggiungiamo una spiaggia deserta con una grande roccia nel mare scuro e calmo.
Una leggera brezza ci avvolge, mentre abbracciandola, la stringo più vicino a me, fin quando le nostre labbra si uniscono in un bacio appassionato.
L'Opel bianca dirige ancora i suoi alti fari nel cielo immenso e sorridente.

Der Sand, Frisbee, der Badeanzug, die Sonne, das Salz auf den Lippen und auf der Haut.
Zutaten für einen romantischen Tag.
Trotzdem sind wir noch immer distanziert.
Unsere dummen und inhaltlosen Gespräche erregen den Zorn der Sonne, die sich noch röter färbt.
„Eines Tages werde ich Schriftsteller werden."
„Hast du schon an einen Künstlernamen gedacht?"
Vor mir auf dem Tisch steht eine Milchpackung.
„Gut, ja, Beste-Qualität-H-Milch-Marco... Galaktisch, oder?"
Und so kommt die Nacht, Trägerin der Träume.
Ein weißer Opel Baujahr '95 richtet seine Scheinwerfer hoch in den unendlichen und lächelnden Himmel.
Eine waagerechte Linie trennt ihn von der Strasse.
Durch die Fenster dringen Sommerdüfte ein.
Und der Geruch vom Korn des weiten Landes wird zum Duft der Pinien und die Berge versuchen, die Unendlichkeit des Himmels zu erreichen.
Und der Duft der Pinien wird zu einem Duft des Abenteuers, und die Unendlichkeit des Meeres tritt der Unendlichkeit des Himmels entgegen.
Ein Mädchen mit kastanienfarbenen Haaren und blauen Augen fährt den weißen Opel Baujahr '95…
Neben ihr, träumend, bin ich ein Junge mit mediterranem und romantischem Gesicht.
Wir erreichen einen einsamen Strand mit einem großen Felsen im dunklen und ruhigen Meer.
Eine leichte Brise umfängt uns, während ich sie umarme und näher an mich ziehe bis sich unsere Lippen in einem leidenschaftlichen Kuss vereinen.
Der weiße Opel richtet seine Scheinwerfer noch immer hoch in den unendlichen und lächelnden Himmel.

Un ragazzo nudo, dal volto mediterraneo e romantico, unito ad una donna, nuda, dai capelli castani e occhi azzurri, lo divide dalla spiaggia deserta.

Ein nackter Junge mit einem mediterranen und romantischen Gesicht, vereint mit einer nackten Frau, mit kastanienfarbenen Haaren und blauen Augen, trennt ihn vom einsamen Strand.

Ma è e rimarrà solo un sogno, Julia.
Ed un incubo.
Ho finalmente capito di non averti mai amata.
Ho amato la mia idea di te:
Una ragazza bellissima ingioiellata di qualità. E' stato un sogno, solo un sogno.

Aber es ist und wird nur ein Traum bleiben, Julia.
Und ein Albtraum.
Ich habe endlich verstanden, dass ich dich nie geliebt habe.
Ich habe mein Bild von dir geliebt.
Ein wunderschönes Mädchen, deren Juwele ihre Eigenschaften sind. Es ist ein Traum gewesen, nur ein Traum.

The end

The end

Conclusione

Camminavo su una piacevole, ampia spiaggia, col diario di Marco nelle mie mani.
Voci indistinte intorno a me.
Il mare intonava una leggera, lenta, dolce melodia.
Le sue calde e antiche correnti mi avvolgevano nel loro tiepido respiro.
Odori di tempi passati si sollevavano nell'aria.
La luna rischiarava il mio cammino.
Improvvisamente mi apparve Sonja, coi suoi biondi capelli fluttuanti nell'aria che tra un bacio e l'altro, mi ricordò il nostro appuntamento per il cinema.
Ed io, tra un bacio e l'altro, le dissi che niente al mondo avrebbe potuto farmi rinunciare al mio appuntamento con lei, neanche il diario di Marco con la sua storia, che gettai nei fondali del mare.
La storia di Marco…
Una delle molte storie che il mare silenzioso, cupo e paziente ascolta quotidianamente.
Una delle molte storie che le sue onde minacciose dissolvono in milioni di granelli che noi chiamiamo sabbia. E passeggiando in qualche spiaggia deserta, potrai ascoltare il mare raccontare sogni, speranze, sofferenze, gioie e delusioni di ognuno di noi che la sua brezza sistematicamente spazza via...

Nachwort

Ich ging an einem schönen, weiten Strand entlang mit dem Tagebuch von Marco in meinen Händen.
Unbestimmbare Stimmen in mir.
Das Meer stimmte eine leichte, langsame und süße Melodie an.
Seine warmen und alten Strömungen und sein heißer Atem umhüllten mich.
Düfte vergangener Zeiten erhoben sich in die Luft.
Der Mond erhellte meinen Weg.
Plötzlich erscheint Sonja mit ihren in der Luft wogenden blonden Haaren und zwischen einem der Küsse erinnerte sie mich an unsere Verabredung fürs Kino.
Und ich, zwischen einem der Küsse, sagte ihr, dass nichts und niemand auf der Welt mich dazu bringen könne, auf unsere Verabredung zu verzichten, nicht einmal Marcos Tagebuch mit seiner Geschichte, das ich in die Abgründe des Meeres warf.
Marcos Geschichte...
Eine der vielen Geschichten, die sich das ruhige, düstere und geduldige Meer täglich anhört.
Eine der vielen Geschichten, die seine bedrohlichen Wellen in die Millionen Körner zermahlen, die wir Sand nennen. Und wenn du an einem einsamen Strand entlang gehst, könntest du hören, wie das Meer erzählt, von Träumen, Hoffnung, Leid, Freude und Enttäuschungen von jedem von uns, welche die Meeresbrise planmäßig verweht...

Note di chiusura

1. Barzellette sulle biondine

2. Vado alla scopa mensa per scopare

3. Fred Buscaglione

4. "Credi che sia una puttana adesso?"

Endnoten

1. „Eine Frau als Freund“, es handelt sich hierbei um den Refrain eines in Italien sehr beliebten Liedes, gesungen von dem wohl berühmtesten italienischen Chansonsänger, Battisti.

2. Der Tod hat im Italienischen weibliche Gestalt

3. *Borghi* waren im Mittelalter die befestigten Kastelle, in deren Inneren sich das bewohnte Zentrum entwickelte, aber auch die Siedlungen in der Umgebung der Stadt, wo die Handwerker und Händler ihren Sitz hatten.

4. „Hast du ein Haus... dann geh‘ nach Haus.“

5. Ein italienischer caffè entspricht einem deutschen Espresso. Eine Espressotasse mit caffè lungo enthält etwas mehr Kaffee.

6. Etwa: „Jetzt, wo du nach Barcellona zurückkehrst, vergiss eines nicht: Versuch es mit jedem Mädchen.”

7. „Bevor diese Zigarette zu Ende geraucht ist,
wirst du zu mir ja sagen,
oder vielleicht auch nein,
ich habe keine Eile,
du hast noch Zeit,
die Zeit einer Zigarette.“ (Fred Buscaglione)